GTB
Gütersloher Taschenbücher
1564

W0041290

Für
Mareike, Vera und Philipp,

die mich immer wieder zu neuen
Geschichten anregten,

und für alle Kinder,
die gerne Theater spielen.

*Christel Müllenbach,*

geboren 1954, ist Heilpädagogin mit theaterpädogogischer Zusatzausbildung.
Sie leitet die Sozialpädagogische Übungsstätte
(Kindergarten, Kindertagesstätte und Hort, mit kunst- und
theaterpädagogischem Schwerpunkt) des Robert-Wetzlar-Berufskollegs
in Bonn.

Christel Müllenbach

# Neue Theaterspiele für die Advents- und Weihnachtszeit

Ein Mitmachbuch
für Kinder im Kindergarten-
und Grundschulalter

Gütersloher Verlagshaus

Originalausgabe

Die Deutsche Bibliothek – CIP-Einheitsaufnahme

Müllenbach, Christel : Neue Theaterspiele für die Advents- und
Weihnachtszeit : ein Mitmachbuch für Kinder
im Kindergarten- und Grundschulalter / Christel Müllenbach. –
Gütersloh : Gütersloher Verl.-Haus, 2000
(Gütersloher Taschenbücher ; 1564)
ISBN 3-579-01564-8

Dieses Werk folgt der reformierten Rechtschreibung und Zeichensetzung.
Ausnahmen bilden Texte, bei denen künstlerische, philologische oder li-
zenzrechtliche Gründe einer Änderung entgegenstehen.

ISBN 3-579-01564-8
© Gütersloher Verlagshaus, Gütersloh 2000

Umschlaggestaltung: INIT, Bielefeld, unter Verwendung einer Aufnahme
der Fotogruppe des Robert-Wetzlar-Berufskollegs in Bonn
(Eveline Hefter, Martina Manz, Sandra Quadt)
Satz: Fotosetzerei Steggemann, Herford
Druck und Bindung: Těšínska Tiskárna AG, Český Těšín
Gedruckt auf chlorfrei gebleichtem Werkdruckpapier

Printed in Czech Republic

# Inhalt

# *Vorwort*

Die Advents- und Weihnachtszeit rückt wieder in greifbare Nähe. Bücher werden gewälzt und fieberhaft beginnt die Suche nach spielbaren Geschichten.

In den letzten Tagen haben die Kinder schon oft angefragt, ob denn in diesem Jahr wieder eine Theateraufführung stattfinde und vor allem, was gespielt wird. Jeder, der mit Kindergruppen arbeitet, kennt die Spannung und Ungeduld, die nun vorherrscht.

Mit meinem Buch möchte ich sowohl spielfertige Theaterstücke anbieten und Vorschläge, Anregungen und Tipps zur Umsetzung geben als auch mit Spielansätzen zur individuellen Weiterentwicklung anregen.

In dem Zusammenspiel und der Auseinandersetzung mit einem weihnachtlichen Theaterstück werden die Wörter, die in engem Zusammenhang mit Weihnachten stehen, wie Liebe, Freude, Frieden und Hoffnung, wieder neu gefüllt und lebendig.

Theaterspielen fasziniert und begeistert die Kinder immer wieder und setzt ungeahnte Ideen frei. Dieses ist ein wundervoller Prozess, der allen Beteiligten große Freude bereitet.

Vor allem in der Probearbeit ist es daher wichtig, dass die Kinder viel Raum zum freien Agieren und Ausprobieren haben.

Kleine Spiele und Improvisationen, die im Zusammenhang mit den zu besetzenden Rollen stehen, helfen den Kindern bei der Rollenfindung. In diesem Prozess entsteht der Charakter, die Persönlichkeit des zu spielenden Individuums. So gewinnt die Rolle an Profil und wird lebendig, die Kinder werden sicherer und die Spielfreude ist fast garantiert.

Auch der Text lernt sich dann viel einfacher. Wo es sich anbietet, sollten die Kinder dennoch die Möglichkeit haben, Textstellen so zu verändern, dass sie ihrem Sprachverhalten entsprechen.

Finden sich die Interessen und Stärken der Kinder in den Rollen wieder (z. B.: ein Kind nimmt Ballettunterricht – in dem Stück spielt eine Balletttänzerin mit; aus dem Gitarrenspieler im Text wird kurzerhand ein Flötenspieler, da ein Kind Flöte spielt, etc.), wird es eine problemlose und harmonische Rollenverteilung geben.

Manchmal melden sich auch Kinder zum Theaterspiel, die durch übergroße Spielfreude und Faszination am Spielgeschehen ihre Rolle aus den Augen verlieren, sich ablenken lassen und dann störend auffallen. Hier empfiehlt es sich, wenn möglich, die Störung des Kindes als seine Stärke zu erkennen und in die Ausgestaltung der Rolle mit aufzunehmen. Das Verhalten wird dem Kind so bewusster und die Rolle wird nochmals verstärkt. Die Reaktion hierauf wird verblüffend sein, sowohl für das Kind als auch für den Spielleiter. Das Kind erlebt sein Handeln als willkommen und achtet präzise auf die klare Einhaltung seiner Rolle im Spiel. Es konzentriert sich ganz auf diese Verhaltensweise und wird sie genau an der erwarteten Stelle einsetzen und nun mit Spielfreude und Wachsamkeit an den Proben teilnehmen. Der Spielleiter gewinnt wieder eine positive Einstellung und die anfängliche Störung wird nicht mehr als Störung erlebt, sondern erhält als Teil der neuen Rollendefinierung eine ganz neue Qualität.

In der Zusammenarbeit und dem gemeinsamen Spiel von Erwachsenen und Kindern erhalten die Proben nochmals einen zusätzlichen Motivations-Schub. Die Erwachsenen lassen leichter eigene Anteile einfließen, da sie die Reaktionen der Kinder hierauf einschätzen und berücksichtigen können. Die Kinder fühlen sich dadurch ermutigt, weitere spontane und situationsangepasste Aktionen zu zeigen. So profitieren beide Gruppen voneinander.

Die meisten Spielstücke sind so konzipiert, dass in zwei Gruppen geprobt werden kann. Der zeitliche Aspekt (Berufstätigkeit der Eltern) und auch das Ausprobieren und Agieren in vertrauteren Kleingruppen standen bei diesen Überlegungen im Vordergrund. Zwei gemeinsame Proben reichen so oftmals aus.

Ich wünsche Ihnen viel Freude mit diesem Buch, heitere und einfühlsame Probestunden und viel Spaß bei der kreativen Umsetzung.

*Christel Müllenbach*

# Ein Wintertanz

Tanzspiel für Kinder im Kindergarten- und Grundschulalter

*Spiellänge:* ca. 15 Min.

*Mitwirkende:* (mindestens 15 Personen)
ein Erzähler
sechs und mehr Schneeflockem
sechs oder mehr Eiskristalle
eine Nebelschleierfee und
einen Ocean drum Spieler

*Requisiten:*
Ocean drum (od. Regenstab)
Klaviermusik  – Schneeflocken (leicht unbeschwert)
                   – Eiskristalle (einzelne Töne abgehackt)

*Kostüme:*
Schneeflocken:
  weißer Pulli, weiße Leggins, darüber Tüllröckchen mit einzelnen Wattebällchen, weißes Stirnband, evtl. Schminke (kleiner weisser Punkt auf der Nase, weißer Punkt auf den Wangen)
Eiskristalle:
  schwarzer Pulli, schwarze Leggins, an Hand- und Fußgelenken und um die Hüfte silbergraue Kreppstreifen, Kreppkette (evtl. aus Alufolie), Schminke: zartes Eiskristall aufmalen
Nebelschleierfee:
  weißer Pulli, weiße Leggins, weiße Handschuhe, grau-weiße leichte Chiffontücher zum Fransenrock gebunden, leichter Umhang über die Schulter

*Kulisse:*
im Hintergrund eine Winterlandschaft (evtl. auf zwei Bettlaken gemalt) oder an einem schwarzen Vorhang weiße Wattebällchen befestigen, weiter unten Eiskristalle aus weißem Papier geschnitten

Kurzer Hinweis zur Vorbereitung und Musik: Durch kleine Szenenspiele und die Erarbeitung der Bewegungsmöglichkeiten von Schneeflocken und Eiskristallen ergeben sich zahlreiche Tanzvariationen, die die Kinder selbstständig entwickeln können.

Die Klaviermusik von Georg Winston, z. B.»Im Winter«, eignet sich hervorragend für die Tänze. Eventuell kann auch jemand das Spiel auf dem Klavier begleiten.

*Spiel:*

Erzähler: Im tief verschneiten Winterwald ist es ganz ruhig, fast still. Nur der kleine Wildbach sprudelt leise vergnügt ins Tal.

(Einsatz der Ocean drum)

Die Eiskristalle halten sich noch verschlafen am Ufer fest. Ganz starr wiegen sie sich im Auf und Ab des Wassers (Musik: einzelne Töne).

Da gleiten sanft ein paar Schneeflocken zur Erde.

(kurz zarte Musik)

Langsam schiebt sich die Nebelschleierfee heran. Sie schaut entzückt der friedlichen Winteridylle zu.

(Musik – Schneeflocken tanzen leicht, Eiskristalle wiegen sich)

Dann zieht sie lautlos ihre Bahn und betrachtet das Treiben aus der Ferne.

Plötzlich stoppt eine Schneeflocke ihren Flug.

| | |
|---|---|
| *1. Schneeflocke:* | Oh, schaut nur! Eiskristalle! |
| *2. Schneeflocke:* | Wie starr die im Wasser liegen. |
| *3. Schneeflocke:* | Die Ärmsten … |
| *4. Schneeflocke:* | … die sehen ja gar nichts von der Welt. |
| *5. Schneeflocke:* | Natürlich nicht, die müssen ja immer an einem Platz bleiben. |
| *6. Schneeflocke:* | Das machen die bestimmt nicht freiwillig. Die sind nur so unbeweglich und können sich darum nicht mal selbst befreien. |
| *5. Schneeflocke:* | Wie ungeschickt. |
| *3. Schneeflocke:* | Die armen Dinger. Mir tun sie leid. |

| | |
|---|---|
| *Erzähler:* | Da macht sich ein kräftiges Raunen im Fluss bemerkbar ... |
| | (Musik – klirrend) |
| *1. Eiskristall:* | Was redet ihr da für einen Unsinn? |
| *2. Eiskristall:* | Ihr habt ja gar keine Ahnung. Wir kleben nicht starr fest. |
| *3. Eiskristall:* | Wir wiegen uns im Fluss und lassen uns tragen. |
| *4. Eiskristall:* | Und wir hören dem Gebirgsbach zu. Der erzählt uns Geschichten, die weiter oben im Gebirge entstehen. |
| *1. Eiskristall:* | Schade, dass ihr die Geschichten nicht hören könnt. |
| *4. Schneeflocke:* | Pah, wir erleben auf unserem Gleitflug die tollsten Abenteuer. |
| *5. Schneeflocke:* | Ja, wir sehen Märchenwelten und können von Flugerlebnissen berichten. Ihr aber klebt fest und hört nur zu. |
| *5. Eiskristall:* | Aber das Zuhören macht sooooviel Spaß. |
| *6. Eiskristall:* | Und manchmal trennen wir uns und suchen uns einen neuen Ankerplatz. |
| *2. Eiskristall:* | Ihr aber könnt euch nicht mehr bewegen, wenn ihr erstmal gelandet seid! |
| *2. Schneeflocke:* | Das wollen wir auch gar nicht mehr. Dann sind wir so müde vom langen Reisen, dass wir einfach ausruhen müssen. |
| *3. Eiskristall:* | Ihr seid ziemlich ... (wird unterbrochen) |
| *Nebelschleierfee:* | (mischt sich ein): Pst, leise, ihr stört die Winterruhe. Was ist denn auf einmal nur los? Ich war so begeistert von eurem friedlichen Schauspiel. Und |

|  |  |
|---|---|
|  | jetzt dieses Gezanke! Dabei seid ihr so wunderschön anzusehen. Warum macht ihr nur so ein Theater? |
| *1. Eiskristall:* | Die da haben angefangen. |
| *1. Schneeflocke:* | Die (deutet auf Eiskristalle) können nicht ertragen, dass wir so viel gesehen haben. Und so leicht und sanft dahergleiten. |
| *4. Eiskristall:* | Und ihr wollt nicht glauben, dass wir uns wohl fühlen, kristallklar sind und uns über die Geschichten des Flusswassers freuen. |
| *Nebelschleierfee:* | Warum will nur immer jeder der Beste und Schönste sein? Jeder Einzelne ist auf seine Art wunderschön und einzigartig. Eiskristalle – schaut, wie die Schneeflocken tanzen! Sie gleiten ruhig, leicht und sanft hernieder. Ist das nicht wunderbar? Und ihr Schneeflocken – schaut euch die Eiskristalle an. Wie bizarr diese aussehen und wie sie im Sonnenlicht glitzern. Ist das nicht ebenfalls wunderbar? Jeder von euch hat seine eigene, ganz persönliche Schönheit. |
| *Erzähler:* | So schwärmt die Nebelschleierfee. Für einen Moment schauen die Schneeflocken und die Eiskristalle betroffen zur Seite. Dann blicken sie sich an, zwinkern sich kurz zu und beginnen erneut mit ihrem Wintertanz. Diesmal bewegen sie sich viel quirliger, ja ausgelassener und sind dabei glücklich. Und der Gebirgsbach plätschert munter seine eigene Melodie. In seinem Rhythmus schwebt die Nebelschleierfee zufrieden lächelnd über sie hinweg. Sie lässt eine Nebelschwade zurück, die die Schneeflocken und Eiskristalle für eine kleine Weile einhüllt.<br><br>Wenn ihr beim Spaziergang durch den Winterwald an so einem Gebilde vorbeikommt, bleibt stehen |

und horcht hinein. Vielleicht erzählen die Eiskristalle und Schneeflocken von neuen Geschichten, die sie erlebt haben. Dann aber ganz bestimmt ohne Zank und Streit. Also gebt gut Acht. Vielleicht entdeckt ihr ja dieses Winterbild.

# Der Wunschbaum

Ein Spielvorschlag für Kindergartenkinder

*Requisiten:*
sternförmige Karten, großes Plakat oder Tannenbaum

In einer Gesprächsrunde entdecken die Kinder ihre persönlichen Wünsche.
Der Spielleiter sensibilisiert hierbei die Kinder für Wünsche, die niemand kaufen kann. Ganz individuelle Erlebnisse und Gedanken werden zusammengetragen, die wichtig sind, um sich wohl zu fühlen und die ein schönes, wohliges Gefühl hervorrufen.
Anschließend malen die Kinder ihre Wünsche, z.b. auf sternförmige Karten. Vielleicht finden sie ja auch Symbole für ihre Wünsche. Diese Karten können dann auf einem Plakat befestigt und ausgehängt werden. Das ist dann ein Sternenhimmel voller Wünsche.

*1. Variation:*
Während einer Feier können die Kinder ihre Karten (evtl. vergrößert) zeigen und ihre Wünsche vortragen und damit einen Tannenbaum schmücken. Zum Schluss wünschen alle Kinder gemeinsam den Zuhörern: Frohe Weihnachten.

*2. Variation:*
Denkbar wäre auch, die gemalten Wünsche als Adventskalender zu gestalten: Jeden Tag wird ein Wunsch erfüllt und abgehängt. Danach nimmt das entsprechende Kind seinen Wunsch mit nach Hause.

# Wo ist Lisa

## Spielgeschichte für Kinder ab 8 Jahren

Eine Geschichte zum Nachspielen mit offenem Ende.
Das offene Ende lässt Raum für eine kleine Meditation. Aber auch eine Diskussion über das Ende wäre denkbar, evtl. resultiert daraus dann ein anderes Spielende.

*Spiellänge:* ca. 10 – 15 Min.

*Mitwirkende:*
Lisa
Mutter
3 Personen (je Haus 1 Person)
3 Marktschreier
3 Maskenspieler (für ca. 5 Masken)

*Requisiten:*
CD, leise Traum-Meditationsmusik
Telefon
Schulranzen, Heft
Tisch, Stuhl, Bett (Liege)
Pappkarton als Fernseher
Buch
Masken anfertigen aus fester Pappe oder Pappmaschee

*Kostüme:*
Die *Gestalten* sind selbst hergestellte Masken, die auf Händen gespielt werden. Die Maskenspieler sollten schwarz gekleidet sein, über Hände und Arme könnten sie schwarze Strümpfe/Handschuhe ziehen. Ihre Gesichter könnten sie unter Schwarzlichtkapuzen verstecken, bzw. unter schwarzen leichten Tüchern, deren Ende unter den schwarzen Rollis/T-Shirts befestigt werden.

*Kulisse:*
Drei Häuser reichen aus, hinter denen sich der Alltag abspielt. Die Tagesgespräche werden hinter den »Hochhäusern« gerufen. So wird eine

imaginäre Stadt geschaffen. Lisa wird manchmal für einen Moment hinter der Häuserwand sichtbar, z. B. Schulweg, Hüpfekästchen.

Lisas Zimmer liegt vor den Häusern. Ohne Kulissenwechsel entsteht so ein Eindruck von drinnen und draußen.

*Wo ist Lisa*

Der Wecker klingelt.

»Lisa, aufsteh'n! Und beeil dich ein bisschen!«, ruft die Mutter.

Müde gähnt Lisa. Es ist doch noch so früh. Sie gibt ihrem Teddy einen sanften Schubs.

»Los du Faulpelz, steh auf«, murmelt sie und schaut ihn liebevoll an. Dann nimmt sie ihn in ihre Hände. »Du hast es gut, du kannst noch weiterträumen.«

»Lisa!«, ruft die Mutter energisch. »Nun mach schon. Sonst kommst du zu spät zur Schule und ich verpasse meinen Bus.«

Lisa geht ins Badezimmer und zieht sich langsam an. Dann öffnet sie die Zahnpastatube.

»Ich habe dir die weiße Jeans und das gelbe T-Shirt rausgelegt. Mach die Sachen nicht gleich schmutzig. Du sollst sie morgen noch mal anziehen.«

Lisa schaut sich an. »Ja, ja«, denkt sie. »Wo soll ich mich schon schmutzig machen. Ich geh doch nur zur Schule.«

»Wenn du heute Mittag nach Hause kommst, zieh dich gleich um, vergiss es nicht. Ich lege dir die blaue Jeans in dein Zimmer und dazu das blaue T-Shirt.«

Lisa gurgelt.

»Lisa, was machst du denn so lange? Ich muss gehen. Ich bin spät dran. Steck den Schlüssel ein. Das Mittagessen steht in der Mikrowelle. Ach ja, ich komme heute spät nach Hause. Ich muss zum Friseur und anschließend treffe ich mich noch mit John. Wir gehen ins Kino. Bleib nicht so lange auf, hörst du? Ich komme heute Abend noch in dein Zimmer und gebe dir einen Gute-Nacht-Kuss. Tschüs, mein Liebling

und mach voran. In 20 Minuten fängt die Schule an. Tschüs, mein Schätzchen und hab einen schönen Tag. Tschüs. Küsschen.«
Die Tür fällt zu.

Lisa schmiert sich ihr Pausenbrot, während sie genüsslich ihr Müsli kaut.

Dann geht sie zur Schule
vorbei an hetzenden, geschäftigen Menschen –
vorbei an ungeduldig hupenden Autofahrern –
vorbei an kläffenden Hunden.
Ein ganz normaler Morgen.
In der Schule passiert heute auch nichts Außergewöhnliches. Mittags geht sie ihren Weg zurück. Doch jetzt ist der Markt aufgebaut. Lautstark preisen die Händler ihre Waren an. Unterschiedliche Gerüche steigen ihr in die Nase, mal angenehme, mal weniger angenehme. Die Menschen drängen sich in dichten Karawaneschlangen durch die Straßen. Niemand hat Zeit.
Zu Hause macht sie sich das Essen warm, zieht sich um und erledigt ihre Hausaufgaben.
Dann telefoniert sie mit ihren Freunden, aber alle sind schon verabredet. Jana fährt mit ihrer Mutter einkaufen, Vera muss zum Ballett und Mareike ist auf einer Geburtstagsfeier eingeladen.
Lisa zeichnet ein Hüpfekästchen vor dem Haus auf. Und summt ein Lied vor sich hin. Aber sie hält es nicht lange aus. Alleine macht es eben keinen Spaß.
»Mal sehen, was es im Fernsehen gibt«, denkt sie.
Sie schaltet den Fernseher ein, wirft sich in den Sessel und flippt durch die Kanäle. Doch kein Programm gefällt ihr. Selbst die Sendung, die ihr die Mutter verboten hat, ist doof. Gelangweilt schaltet sie ab und zieht sich in ihr Zimmer zurück. Sie nimmt ein Buch aus dem Regal. Das Buch ist spannend. Seite für Seite verschlingt sie. Zwischendurch schaltet sie das Licht an. Schade, die Geschichte ist schon zu Ende. Jetzt erst bemerkt sie, dass es schon 22.00 Uhr ist. Sie duscht sich noch, putzt ihre Zähne und zieht ihren Schlafanzug an. Dann legt sie sich ins Bett, nimmt ihren Teddy in den Arm und schläft bald ein.

Auf einmal hört sie eine leise leichte Musik und dann tauchen freundliche, maskenhafte Gestalten auf.

Behutsam schweben sie näher und näher und flüstern ihr kaum hörbare Sätze entgegen. Lisa setzt sich auf, um das Wispern besser verstehen zu können.

Die freundlichen Gestalten laden sie ein, gemeinsam mit ihnen auf eine Reise zu gehen. Sie haben Zeit, viel Zeit.

Sie wollen mit ihr spielen. Sie wollen mit ihr lachen. Sie wollen mit ihr Abenteuer erleben. Und immer wieder hauchen sie ein aufforderndes: Komm mit. Langsam erhebt sich Lisa. Sie vergisst sogar ihren Teddy. Fasziniert folgt sie den Gestalten.

Die Mutter kommt nach Hause und öffnet leise die Tür zum Kinderzimmer. Sie sieht auf den Teddy, der im Bett liegt und ...

# Der kleine Engel, der keine Posaune spielen wollte

Eine Spielgeschichte für eine Musikgruppe oder
ein Kinderorchester (Kinder im Alter von 5–12)

Dieses Theaterstück könnte auch ein Weihnachtskonzert eröffnen.

*Spiellänge:* ca. 15 Min.

*Mitwirkende:*
ca. 6 und mehr Kinder, die das gleiche Musikinstrument spielen
1 Solospieler
1 Orchesterleiter
Szene: Im ‚Instrumentenraum'

*Requisiten:*
6 Posaunen (oder andere Instrumente)
1 Flöte (oder anderes Instrument)
Wischlappen

*Kostüme:*
Engel: weiße Kleidung, Flügel aus weißer Pappe an Pullover/T-Shirt
   befestigen, evtl. mit Watte bekleben
Dirigent: weißen »Smoking«, Dirigentenstab

*Kulisse:*
Stellwand mit Fenster zum Öffnen
Stellwand mit Tür

Während der Reinigungsaktion ist hier und da ein Ton zu hören, anfangs vereinzelt, dann immer mehr. Die Musiker spielen sich ein und verlassen nach und nach den Raum. Sie sind stolz auf ihre glänzenden Instrumente und freuen sich auf das bevorstehende Konzert.

*Der kleine Engel, der keine Posaune spielen wollte*

Die Weihnachtszeit rückt näher. Am Himmelszelt herrscht jetzt geschäftiges Treiben. Alle sind mit ihren Vorbereitungen auf das große Fest beschäftigt. Und heute ist Putztag.

Die Sterne reiben ihre Zacken blank und die Engel wienern ihre Posaunen. Am großen Tag soll alles blinken und glänzen. Und gleich ist auch noch Orchesterprobe angesagt. Die Engel sind schon ganz aufgeregt und pusten zwischen hohen und tiefen C's auch ein paar Sequenzen. Die Posaunisten betrachten stolz ihre polierten Instrumente und warten ungeduldig auf den prüfenden Blick des Orchesterleiters. Er schaut streng über seine Brille. Doch dann nickt er wohlwollend und, ja, er lächelt sogar dabei.

Der kleine Engel ist noch mit dem Putzen seiner Posaune beschäftigt. Er putzt und putzt, immer an derselben Stelle. Schließlich schielt er vorsichtig zur Seite und mit einem klitzekleinen »pptt« spuckt er ein paar Engelstropfen auf die Fläche. Dann reibt er wieder, ohne Unterbrechung, schonungslos, bis ihm das Handgelenk weh tut.

»Nun mach schon. Sie glänzt doch super toll«, stellt Toni neidlos fest. Er hat die Pause für ein Gespräch genutzt, das er nun dem kleinen Engel aufzudrängen versucht.

»Es reicht aber noch nicht!«, antwortet der kleine Engel unwirsch. Er beugt sich tiefer über die Posaune und beginnt erneut zu wischen.

»Ich weiß nicht, was du noch willst. Aber du wirst es schon wissen. Obwohl, gleich hast du das ganze Gold weggewischt. Oder willst du etwa einen Preis gewinnen? Sag, habe ich wieder mal was nicht mitgekriegt? Gibt es einen Preis? Ach Quatsch, das hätte sich doch rumgesprochen. Ehm. Oder? Ach Unsinn. Ich laufe schon mal vor, die Probe beginnt jeden Augenblick. Und wir lernen ein neues Lied. Du kannst immer noch nicht das alte, nicht wahr«, fügt er mitleidsvoll hinzu. Der kleine Engel zuckt mit der Schulter, was so viel heißt wie: Mir doch egal. Oder bedeutet es: Auweia, erwischt? Toni, der schon draußen war, steckt seinen Kopf noch einmal zur Tür herein.

»Mach nicht mehr zu lange. Nachher hat die Probe schon angefangen«, und mit einem Blick zur Uhr, »oh je, ich bin zu spät; du übrigens auch«, ruft er, bevor er davonsaust. Nun ist der kleine Engel allein. »Puuh«, macht er, »endlich sind sie alle weg.« Er lässt die Posaune in seinen Schoß sinken. »Ich dachte, Toni gäbe gar keine Ruh! Hoffentlich petzt er dem Dirigenten nicht, dass ich noch fehle«, murmelt er vor sich hin. Er schaut die Posaune lange, lange an. ‚Du bist mir viel zu schwer. Ich lerne es nie, dich zu spielen«, denkt er. Da hört er Stimmen auf dem Flur.

Flugs, aber dennoch behutsam, legt er die Posaune zur Seite und springt auf. Schnell schließt er die Tür, damit ihn nur ja niemand hier vermutet. Mit »doofe Probe« lehnt er sich gegen die Tür. »Blödes Posaunenspiel«, rutscht ihm noch raus. Draußen ist wieder Ruhe. Er atmet erleichtert auf und schaut sich um. Da sieht er die Flöte, die halb aus seiner Tasche schaut. Liebevoll zieht er sie hervor und streicht gedankenverloren über sie. Dann nimmt er den Flötenkopf in seinen Mund und fängt an auf ihr zu spielen. Eine wunderschöne Weihnachtsmelodie erklingt. Erst leise, dann greift sie langsam um sich und nach und nach erfüllt sie den ganzen Raum.

Die Engel horchen auf. Wo kommt die Musik her? Sie unterbrechen ihre Probe, denn sie sind neugierig geworden. Von der Musik angelockt, öffnen sie vorsichtig die Tür und stoßen sanft die Fenster auf. Die Melodie breitet sich weiter aus. Einige Zuhörer wiegen sich leicht im Takt, andere träumen vor sich hin und wieder andere schauen fasziniert dem kleinen Engel zu. Alle lauschen andächtig und wirken wie verzaubert.

Der kleine Engel hat das Geschehen um ihn herum gar nicht bemerkt, so hingebungsvoll ist er in sein Spiel vertieft. Als er den letzten Ton gespielt hat, ist es für einige Sekunden ganz still. Doch dann setzt ein tosender Beifall ein. Begeistert applaudieren sie minutenlang. Der kleine Engel ist ganz verlegen. Nachdenklich schreitet der Dirigent gemächlich zu ihm. Er räuspert sich, bevor er zu einer Rede ansetzt. Tief bewegt sagt er: »Es wäre wirklich nicht einzusehen, warum du Posaune spielen solltest. Du hast zum Flötespielen so viel Talent. Wir müssen unbedingt ein Solo auf der Flöte für dich einbauen. Und, du sollst so lange Flöte spielen, wie du magst. So lange, bis dir ein anderes Instrument besser gefällt. Du bestimmst die Zeit, wann dir danach ist, ein anderes Musikinstrument zu lernen.«

Der kleine Engel lächelt dankbar und erleichtert. Er ist glücklich.

»Ich möchte gerne etwas ausprobieren«, sagt der Dirigent und wendet sich an die anderen Engel. »Wir versuchen jetzt einmal gemeinsam mit dem kleinen Engel zu spielen.« Er hebt den Taktstock und sie spielen eine Weihnachtsmelodie, in der alle Instrumente zum Einsatz kommen.

Eventuell fordert der Dirigent dann noch die Zuhörer auf mitzusingen.

21

## *Was der kleine Stern im Advent erlebt*

Eine Geschichte, die zum Erzählen anregt.
Für Kinder im Kindergartenalter

*Requisiten:*
Stern, Schuhkarton oder Spielzeugkiste

Diese Erzählgeschichte bietet eine Alternative zum »üblichen« Adventskalender. Sie lässt die Adventszeit intensiver erleben, da ein kleiner Stern, der zunächst gemeinsam gebastelt wird, auf Wanderschaft geht und hiervon berichtet. An jedem Dezembertag erzählt ein Kind seine Geschichte vom kleinen Stern. Es berichtet, was der kleine Stern bei ihm gerade erlebt hat. Dieser wird täglich in der Kindergruppe weitergereicht.
Folgende Geschichte ist als Einstieg gedacht:

Es schneit. Langsam und sacht gleiten die Schneeflocken ins Tal. Einige landen auf den Ästen der Bäume, andere bedecken die Dächer und Zäune und wieder andere bilden eine dichte Schneedecke auf dem zugefrorenen See.
Von der langen Reise sind sie müde geworden. Endlich dürfen sie sich ausruhen. Gemächlich zieht die Winternacht ein. Sie legt einen zarten Atemhauch über die weiße Pracht. Im Mondlicht blitzen hier und dort einzelne Schneekristalle auf. Wunderschön ist das anzusehen. Ganz leise treten nacheinander am Himmel die Sterne hervor. Sie blinken sich freundlich zu. Das heißt so viel wie: Mei, ist das schön. Die Sterne bemühen sich, so still zu stehen, wie nur eben möglich. Es scheint, als ob sie den Atem anhalten, um die Winterruhe nicht zu stören. Nur der kleine Stern kann seine Begeisterung nicht unterdrücken. Es entfährt ihm ein Sternjauchzer und vor Vergnügen hüpft er auf und ab.
»Psst«, zischt ermahnend eine Sternschnuppe an ihm vorüber. Für eine Sekunde bleibt der kleine Stern artig ganz still stehen. Doch dann entdeckt er in der Ferne ein Schneekristall, das ihm aufmunternd und auffordernd entgegenglitzert. Für eine kurze Zeit zwinkern

sie sich zu. Doch dann hält der kleine Stern es nicht mehr aus. Er winkt dem Schneekristall, erst ganz vorsichtig und klein. Dann werden seine Bewegungen immer größer und ausschweifender. Schließlich wankt er hin und her. Die anderen Sterne sehen sich ungläubig an. Erbost schicken sie wiederum eine Sternschnuppe zu ihm, die ihn zur Ordnung rufen soll. Auch seine Sternfreunde versuchen ihn zu beruhigen. Aber der kleine Stern bemerkt das alles nicht, so intensiv ist er im Kontakt mit dem Schneekristall. Er hat nur einen Gedanken. Er will zur Erde. Er will mit dem Schneekristall spielen. Doch wie soll er das bloß anstellen? Wie kommt er nur zur Erde? Er streckt einen Sternzacken nach unten. Doch er reicht nicht bis ganz unten. Erneut probiert er es und schiebt seinen Atem tiefer und tiefer in die Zacke. Er muss Acht geben, dass es sie nicht zerreißt, so hauchdünn ist sie vorne geworden. Jeder Versuch kostet ihn alle seine Kraft und allerhöchste Wachsamkeit. Da, fast hätte sein Zacken das Schneekristall berührt. Nur noch ein winziges Stückchen hat gefehlt.

»Wenn ich so runterkomme, dann komme ich so auch wieder rauf«, fährt es ihm durch den Sinn, als er die Zacke wieder einzieht. Komisch, dass er bis jetzt noch gar nicht darüber nachgedacht hatte. Dabei war das doch ganz wichtig. Na ja, nun kannte er ja die Lösung. Noch einmal holt er tief Luft und dann streckt er sich aus und aus und aus und da ... Doch, oh Schreck. Es fühlt sich eisig kalt an. Hastig zieht er den Zacken zurück. Er schaut sauer nach unten. Da erblickt er die Traurigkeit beim Schneekristall. Fast ist das Glitzern erloschen.

»Na ja, so schlimm war es ja auch wieder nicht«, denkt der kleine Stern, »nur eben fremd und unerwartet war es. Ich war nicht darauf vorbereitet. Jetzt weiß ich ja wie es ist, ich probier's halt noch mal«, überlegt er sich. Denn er ist ja doch neugierig und Fremdes lockt ihn erst recht. Also packt er noch einmal alle Kraft zusammen, holt tief Luft und streckt sich aus und aus und schwupps, da spürt er wieder die Kälte. Er hält sich an dem Schneekristall fest und mit einem kräftigen Ruck steht er schon neben ihm.

»Jetzt kannst du mich loslassen«, sagt er. Doch das ist gar nicht so einfach. Er klebt fest. Er schaut das Schneekristall an und ganz warm wird ihm ums Herz. Es ist so warm, dass das Schneekristall zu schmilzen beginnt. Überrascht weicht der kleine Stern zur Seite. Diesmal funktionierte das ganz einfach. Das Schneekristall bedankt sich lächelnd. Mei, ist das Lächeln bezaubernd. Der kleine Stern kann gar nicht aufhören, das Schneekristall anzusehen. »Dafür hat sich die ganze Anstrengung gelohnt«, denkt er.

Nach einer langen Zeit löst er sich von dem Anblick und schaut sich um. Vor ihm liegt ein weites weißes Meer. »Nanu, fliegen die Schneewolken so tief?«, wundert er sich. Er hüpft hinein. Aber »au«, was ist das? Die Wolkenwatte ist hart und er kommt nicht durch. Fragend schaut er zum Schneekristall. Das sieht ihn wieder so liebevoll an. Mei – und – Was ist das da schon wieder? Da leuchtet ein helles Licht, fast so hell wie die Sterne am Himmel. Aber es ist viereckig. Der kleine Stern steht auf. Er streckt sich dem Licht entgegen. Wieder stößt er an etwas Hartes und Kaltes. Dann sieht er in diesem Licht einen ganzen Raum hell erleuchtet. Suchend hält er Ausschau nach einer Schlupfmöglichkeit. Da entdeckt er eine Öffnung, durch die er in das Zimmer gelangt.

So kam der kleine Stern in dieses Zimmer und hier habe ich ihn heute Morgen entdeckt. (Zieht ihn aus einem Pappkarton heraus). Sicherlich hat ihn niemand bemerkt, als gestern Abend die Fenster geschlossen wurden. Und so wurde er hier eingesperrt. Armer Stern, aber dass man sich bei uns auch wohl fühlen kann, das wollen wir ihm zeigen. Jeder von euch darf den kleinen Stern einmal mit nach Hause nehmen und ihm sein Zuhause zeigen und was wir im Advent machen. Bestimmt freut er sich darüber. Am nächsten Tag kommt der kleine Stern wieder mit in den Kindergarten und wird von einem anderen Kind mit nach Hause genommen. Ich bin gespannt, was er so alles erlebt.

Die Kinder erzählen im Stuhlkreis, was sie mit dem kleinen Stern erlebt haben, bevor er wieder zum nächsten Kind auf Wanderschaft geht.

Die Erzieherin erzählt, nachdem der kleine Stern bei allen Kindern zu Gast war, dann die Geschichte weiter:

Der kleine Stern hat so viel erlebt und ist ganz glücklich. Aber jetzt möchte er wieder zu seinen Sternenfreunden zurück. Er verabschiedet sich von euch und heute Abend, wenn die Sterne rauskommen, könnt ihr ja schauen, ob ihr den kleinen Stern am Himmel entdeckt. Bestimmt zwinkert er euch zu, wenn er nicht zu müde ist. Sonst könnt ihr ihn vielleicht am nächsten Abend entdecken. Und eventuell kommt er ja im nächsten Dezember wieder zu uns.

# Die kleinen Kommissare entdecken eine Weihnachtsmaus

## Eine Spielgeschichte für Kinder ab 6 Jahren

*Spiellänge:* ca. 45 Min.

*Mitwirkende:*
ca. 10 Kommissare (oder mehr)
ein Schätzchen
eine Mutter
ein Vater

*Requisiten:*
2 Tüten Plätzchen
Heft, Stift
Teigrolle, Backblech mit Plätzchen
Dose mit Plätzchen, Pfeife
CD Krimimusik, z. B. Alfred Hitchkock presents; Peter Gun; Paulchen Panther usw.

*Kostüme:*
Kommissare – große, weite Mäntel, Trenchcoat, Jackets (v. d. Eltern), Hüte, Kappen

*Kulisse:*
Auf der Straße – leere Bühne
Im Haus – Wohnraum, Mutter rollt auf Tisch Plätzchenteig aus
Die kleinen Kommissare entdecken eine Weihnachtsmaus

*(Musik)*

| | |
|---|---|
| *Kommissar:* | Mann, heute ist auf der Straße nix los. Keine Aufregung, kein Abenteuer. |
| *Kommissar:* | Dann wird das bestimmt wieder so'n langweiliger Tag. |
| *Kommissar:* | Öde Weihnachtsferien. |
| *Kommissar:* | Ehm, Moment mal (schaut ins Publikum, dann auf die Bühne, andere Kommissare folgen ihm, Blick kurz, |

anschließend kreisend an einem Punkt festhaltend, kopfschüttelnd)

| | |
|---|---|
| *Kommissar:* | (verständnislos) Was gibt's? |
| *Kommissar:* | (schaut nochmal) Sekunde. (läuft ins Publikum, schaut zur Bühne) |
| *Kommissar:* | (erwartungsvoll) Na und? |
| *Kommissar:* | (kopfschüttelnd) Nichts. (achselzuckend) Absolut nichts. (geht auf die Bühne zurück) Hm (zum Publikum, verschränkt die Arme, wartet ab) |
| | Musik (ein paar Takte, Kommissare tanzen) |
| *Kommissar:* | Achtung, ich glaube, es gibt Arbeit. Da drüben kommt Schätzchen. Natürlich mal wieder mit 'ner Tüte Plätzchen. |
| *Kommissar:* | Das Schätzchen hat Plätzchen. (rollt die Augen) |
| | (Kommissare versperren den Weg) |
| *Kommissar:* | Hey Schätzchen, was machst du auf der gesperrten Straße? |
| *Schätzchen:* | Wieso gesperrte Straße? |
| *Kommissar:* | Die Straße ist heute für Fußgänger gesperrt. Plan 1 ist (schaut sich geheimnisvoll um) angesagt. Pst. |
| *Schätzchen:* | Plan 1? |
| *Kommissar:* | Pst, nicht so laut. Die Sache ist streng geheim. |
| *Kommissar:* | Hier darf nur der durch, der Zoll zahlt. |
| *Schätzchen:* | Zoll zahlt? |
| *Kommissar:* | Ja man, wiederhol nicht ständig alles. Kannst du Zoll zahlen? |
| *Schätzchen:* | Was bedeutet das denn? Zoll zahlen? |
| *Kommissar:* | Oh Junge! (oder Mädel) Hast'e 'ne Mark? |
| *Schätzchen:* | Ich habe kein Geld bei mir. |

| | |
|---|---|
| *Kommissar:* | Kein Geld? Hm! Hast'e Wertsachen irgendwelcher Art? |
| *Schätzchen:* | Nein! Ihr stellt vielleicht doofe Fragen. |
| | (Rangelei, Tüte Plätzchen fällt auf den Boden. Kommissar greift danach) |
| *Kommissar:* | Oh, was ist das? |
| *Schätzchen:* | Eine Tüte Plätzchen! |
| *Kommissar:* | Vorsicht! Sind das wirklich Plätzchen? Oder sind das getarnte Knallobjekte? |
| *Schätzchen:* | Ihr habt wohl zu viele Kriminalromane gelesen. Gib mir die Tüte zurück. |
| *Kommissar:* | He, stopp. Zuerst müssen wir das Objekt genauer untersuchen. Jetzt tritt Plan 2 in Kraft. |
| *Schätzchen:* | Plan 2? |
| *Kommissar:* | Klaro. (leiser) Plan 2 heißt: Untersuchung eines geheimnisvollen Objekts. |
| *Schätzchen:* | Hey, was soll das? |
| *Kommissar:* | Sei still. Wir untersuchen die Sache streng nach Vorschrift. Stell du dich da drüben hin, damit dir nichts passiert. Kommissare, ihr stellt euch in zwei Mannschaften gegenüber. Gleich heißt es: Stürmung des Objekts. Ich gebe das Startzeichen. Also: Auf-die-Plätzchen-fertig-los! |

(Gerangel um die Tüte, Plätzchen werden alle aufgegessen, letzte Plätzchen mit sichtbarem Genuss)

| | |
|---|---|
| *Kommissar:* | Hm, du hast recht gehabt. Es waren wirklich nur Plätzchen. |
| *Kommissar:* | Aber die waren gut. |
| *Kommissar:* | Hm, und wie gut. – Heul nicht. Wir konnten doch nicht ahnen, dass es wirklich nur Plätzchen waren. |

| | |
|---|---|
| *Schätzchen:* | Oh, ihr seid so gemein. Die Plätzchen waren für Frau Sorgenreich bestimmt. |
| *Kommissar:* | Frau Sorgenreich? Ist das nicht die, die immer mit uns schimpft und uns Quengelgeister nennt? |
| *Kommissar:* | Die ist immer so streng und herrisch. Ich denke, die mag keine Kinder. |
| *Schätzchen:* | Meine Mutter sagt, Frau Sorgenreich ist einsam und traurig. Darum klingt sie oft verbittert. |
| *Kommissar:* | Quatsch, die ist eine richtige ... (wird geschubst) |
| *Kommissar:* | Schlucks runter, Junge. |
| *Kommissar:* | Aber es stimmt doch. Die kann sich nie richtig freuen. |
| *Schätzchen:* | Und darum sollte ich ihr ja die Plätzchen bringen. Ich sollte ihr eine Freude machen, weil doch Weihnachtszeit ist. Ich wollte eine gute Tat vollbringen. |
| *Kommissar:* | Schätzchen, hör auf zu jammern. Du hast 'ne super gute Tat vollbracht. Du solltest einer Person eine Freude machen und du hast gleich (Anzahl der Kommissare) ... Personen glücklich gemacht. Hei, das war 'ne wunderbare Geschenkvermehrung. Ich bin mächtig stolz auf dich.<br>(klopft anerkennend auf Schätzchens Schulter) |
| *Kommissar:* | Du hast uns ... glücklich gemacht. Wenn auch nur für Sekunden! Oder hast'e noch mehr? |
| *Schätzchen:* | Ihr seid wirklich ... (wird unterbrochen) |
| *Kommissar:* | Wirklich glückliche Personen! Oder? |
| *Kommissar:* | Achtung, da kommt jemand. |
| | (Herr, Kragen hochgeschlagen, Hut ins Gesicht gezogen, Blick nach unten gesenkt) |
| *Schätzchen:* | (flüsternd) Der bezahlt bestimmt keinen Zoll. |

| | |
|---|---|
| *Kommissar:* | (springt vor, verbeugt sich würdevoll) Guten Abend, gnädiger Herr. |
| | (Herr geht vorbei, ohne Gruß zu erwidern) |
| *Schätzchen:* | (lächelt) Der ist ganz in Gedanken versunken. |
| *Kommissar:* | Stelle fest: Nichtbeachtung meines Grußes. Höchst unerfreulich und ... |
| *Kommissar:* | ... unhöflich. |
| *Schätzchen:* | Das ist ... |
| *Kommissar:* | Jetzt sag nicht, schon wieder eine traurige Person, die du glücklich machen willst ... |
| *Kommissar:* | Wir haben nämlich keine Plätzchen mehr. |
| *Kommissar:* | Alle mir nach. |
| | (MUSIK – Kommissare schleichen hintereinander hinter dem Herrn her) |
| *Schätzchen:* | Aber ... |
| *Kommissar:* | Pst, absolute Ruhe, oder willst du, dass er uns entdeckt? |
| *Schätzchen:* | Entdeckt? |
| *Kommissar:* | Der geht mir auf die Nerven mit seinem ständigen Nachgeplappere. |
| | (Herr bleibt stehen, die anderen laufen fast auf, Herr grübelt, geht dann ins Haus) |
| *Kommissar:* | Puh, das ist ja gerade noch mal gut gegangen. |
| *Schätzchen:* | Aber, das war doch mein Vater. |
| *Kommissar:* | (bleiben verdutzt stehen) Dein Vater, na, warum hast du uns das denn nicht gleich gesagt? |
| | (drehen sich auf dem Absatz um, gehen wieder locker) |
| *Schätzchen:* | (erklärend) Er ist oft in Gedanken versunken. Dann hört und sieht er nichts. |

| | |
|---|---|
| *Kommissar:* | Soso. |
| *Kommissar:* | Das haben wir bemerkt. |
| *Schätzchen:* | Ja, der denkt eben viel nach. |
| *Kommissar:* | Aha, wenigstens einer in der Familie, der denkt. |
| *Kommissar:* | Da muss er natürlich nicht höflich sein. Er ist ja schließlich ein Nachdenker. |
| *Schätzchen.:* | Du brauchst gar nicht so doofe Sprüche zu machen. Mein Vater arbeitet mit Zahlen. Der kann 9stellige Zahlen im Kopf zusammenrechnen. |
| *Kommissar:* | Ein nachdenkliches Zahlengenie, soso. |
| *Schätzchen:* | Mein Vater ist Mathematiker und von daher ständig mit Zahlen beschäftigt. Ach vergiss es, du hörst mir ja gar nicht wirklich zu. (dreht sich ab und geht ins Haus) |
| *Kommissar:* | Wohl ein bisschen übersensibel, unser Schätzchen, was? (geht nach, winkt dann ab) Ach, was soll's. |
| *Kommissar:* | Und was machen wir jetzt? |
| *Kommissar:* | Gute Frage. (sichtliches Nachdenken, Nase bohren ...) |
| *Kommissar:* | (rümpft die Nase, schnuppert, fragt:) Riecht ihr, was ich rieche? |
| *Kommissar:* | Ja, (schnuppert, Kommissare erheben sich langsam) |
| *Kommissar:* | Wo kommt das her? |
| *Kommissar:* | Hm, wie das riecht. |
| *Kommissare:* | (schnuppern alles ab, kommen zum Fenster, schauen rein) Oh! |

| | |
|---|---|
| *Kommissar:* | (sieht nichts, drängelt andere zur Seite) |
| *Kommissar:* | (zischt) Lass das. |
| *Kommissar:* | Aber ich kann nichts sehen. |
| *Kommissar:* | Dann schreib das Protokoll. Du weißt doch: Jede Observierung muss protokolliert werden. Das gehört zu unserem Job. Ein Kommissar achtet auf jede Kleinigkeit und hält alles schriftlich fest. Damit er später den Fall vollständig re-kon-stru-ieren kann. |
| *Kommissar:* | Schreib: heller Raum, Frau backt Plätzchen ... |
| *Kommissar:* | Aha, darum. (schnuppert, fächelt sich den Duft zu) |
| *Kommissar:* | ... Herr sitzt am Schreibtisch, raucht Pfeife, Achtung, die Frau kommt ans Fenster. |
| *Kommissare:* | (verstecken sich unter dem Fenster) |
| *Kommissar:* | Bis hierhin haben wir alles gesehen und gehört. |
| *Kommissar:* | Gehört? |
| *Kommissar:* | Wir registrieren alles. Auch das kleinste Geräusch. Hast du etwa nicht gehört, wie der Herr den Tabakrauch ausgeblasen hat? (macht es nach) Wir leisten vollständige Arbeit. |
| *Kommissare:* | (schnuppern erneut, einige drängen zur Tür) Hm, wie das riecht. |
| | (Tür springt auf, Kommissare purzeln herein) |
| *Kommissar:* | Oh, Mist, ehm Entschuldigung. |
| *Kommissar:* | Die Tür war wohl nicht verschlossen. |
| *Mutter:* | Was ist das denn? Wo kommt ihr denn her? |
| *Kommissar:* | (zischt) Von draußen. |

| | |
|---|---|
| *Mutter:* | Peter, schau mal, wer hier zur Tür reingefallen ist. Peter! Hm, wenn ich euch so richtig betrachte, dann muss ich sagen, ihr seht ja aus wie echte Kommissare. |
| *Kommissar:* | Hm hm, wir sehen nicht nur so aus, wir sind es auch. |
| *Mutter:* | Peter, schau doch mal. Hier stehen ... Kommissare. |
| *Vater:* | Ja, ja. (gedankenverloren, greift in seine Jackentasche, führt die Hand zum Mund und kaut) |
| *Mutter:* | Ach, mein Mann arbeitet mal wieder, da ist er ... |
| *Kommissar:* | ... ganz in Gedanken versunken. |
| *Kommissar:* | Er ist Mathematiker? |
| *Mutter:* | Mir scheint, ihr seid tatsächlich Kommissare. Was ihr schon alles wisst. Ihr seid ja super Spürnasen. |
| *Kommissar:* | (stolz) Danke, danke. Mann tut was man kann. |
| *Schätzchen:* | Mensch Mami, das habe ich denen doch eben draußen ... (wird von Kommissaren angeschubst, Schätzchen schweigt nicht ängstlich – eher: Oh nein, sie glaubt denen wohl.) |
| *Kommissar:* | Aber lassen sie sich nicht stören. |
| *Kommissar:* | Was sie da backen, sind das wirklich Plätzchen? |
| *Mutter:* | (lacht, rollt Teig) »Natürlich! Aber ich denke, Kommissare erkennen das sofort?« |
| *Kommissar:* | Klar doch, aber manchmal ist es besser, Aussagen zu überprüfen. Sie haben doch nichts dagegen, wenn ich ein Plätzchen teste, oder? |
| *Mutter:* | Aber nein. Teste ruhig. |
| *Kommissare:* | Ich auch – Ich auch.– Ich auch. (stürzen über das Backblech her. Im Nu sind alle aufgegessen) |
| *Kommissar:* | Tatsächlich, es waren wirklich Plätzchen! |

| | |
|---|---|
| *Kommissar:* | Aber die besten, die ich bisher gegessen habe! |
| *Schätzchen:* | Oh Mami, das haben die heute schon 2 x gemacht. |
| *Kommissar:* | Ehm, wir müssen gehen. Wir haben noch andere Arbeit. |
| *Kommissar:* | Wenn sie wieder mal Hilfe brauchen, ich meine, wenn jemand ihre Plätzchen testen soll, dann rufen sie uns. Wir kommen sofort. |
| *Kommissar:* | Da helfen wir doch gerne. |
| *Mutter:* | (lacht) Geht in Ordnung. Ich sag euch dann Bescheid. Aber vielleicht reicht dann auch ein Kommissar. |
| *Kommissare:* | (im Chor) Wir helfen alle mit. Das ist doch Ehrensache ... und auch kostenlos. (gehen ab, draußen) Hm, waren die gut. |
| *Mutter:* | (ruft nach) Oh, da fällt mir etwas ein. Ich hätte da einen Auftrag für euch. |
| *Kommissar:* | Einen Auftrag? (erwartungsvoll) |
| *Kommissar:* | (gespannt) Echte Arbeit? |
| *Kommissar:* | Noch ein Plätzchentest? |
| *Mutter:* | Nein, kein Plätzchentest. Das heißt, vielleicht, wenn ihr die Aufgabe gelöst habt, könnte ich euch als kleines Dankeschön eine Tüte Plätzchen schenken. |
| *Kommissar:* | (drängen zusammen) Um welchen Auftrag handelt es sich? |
| *Mutter:* | Tja also, seit ein paar Tagen verschwinden aus der Gebäckdose immer wieder Plätzchen. Ich backe und backe und die Gebäckdose wird nicht voll. Es ist, als ob sie ein Loch hätte. Ich habe das Gefühl, als ob hier im Haus eine Weihnachtsmaus ihr Unwesen treibt. Wenn ich nur wüsste, wo sie sich versteckt. Ich wäre froh, wenn ihr euch um diesen Fall kümmern könntet. |

| | |
|---|---|
| *Schätzchen:* | (aufgeregt) Aber Mami, das kannst du doch nicht machen. Noch ehe alle so genannten Kommissare den Deckel von der Gebäckdose abgenommen haben, findest du kein Plätzchen mehr darin. |
| *Kommissar:* | He, he, he. Das ist doch ein Auftrag. |
| *Kommissar:* | Und während wir arbeiten, wird nicht gegessen. |
| *Schätzchen:* | Ach ne, und wenn das Essen eure Hauptarbeit ist? |
| *Kommissar:* | Dann ist das etwas anderes. |
| *Kommissar:* | Aber jetzt stör uns nicht länger. |
| *Kommissar:* | Hilf uns lieber. Wir haben schließlich eine wichtige Aufgabe zu erledigen. Ich sage nur Plan 3. |
| *Mutter:* | Ja, hilf ihnen doch dabei. |
| *Kommissar:* | Was soll der/die?? schon helfen. Der/die?? passt doch nur auf, dass sich kein Plätzchen in meinem Mund verirrt. Ist doch so. Was kann ich denn dafür, wenn ein Plätzchen unbedingt von mir gegessen werden will? Soll ich dann nein sagen? |
| *Kommissar:* | Ruhe jetzt. Wir müssen planmäßig vorgehen. Also ... |
| *Schätzchen:* | Und was heißt Plan 3? |
| *Kommissar:* | Plan 3 heißt: Beobachtung des Hauses. Alle Eingänge und Fenster werden bewacht, und jeder registriert, der in das Haus geht oder es verlässt. |
| | (Krimimusik - Kommissare bewegen sich dazu vorsichtig um das Haus, schauen zum Fenster rein, stoßen rückwärts gegeneinander, in der Zwischenzeit geht der Vater im Haus auf und ab, stirnrunzelnd, nimmt sich gedankenverloren Plätzchen, rechnet dann weiter). |
| *Kommissar:* | Nichts. Nichts. |
| *Mutter:* | Oh nein, die Weihnachtsmaus war schon wieder da. |

| | |
|---|---|
| *Kommissar:* | (schauen an Fenster und Tür, kopfschüttelnd) Fasse zusammen: Keiner ist in das Haus gegangen. Richtig? |
| *Kommissar:* | Keiner hat das Haus verlassen. Richtig? |
| *Kommissare:* | Richtig. |
| *Kommissar:* | Stelle fest: Die Weihnachtsmaus muss schon im Haus gewesen sein. Richtig? |
| *Kommissare:* | Richtig! |
| *Kommissar:* | (zur Mutter) Keine Panik, wir kümmern uns darum. Kommt - da steht die Dose. |
| | (Krimimusik - Kommissare schleichen hintereinander zur Dose, dann drum herum, schauen zusammen hinein, stellen fest:) |
| *Kommissar:* | Oh, fast leer. |
| *Kommissar:* | Wo kriegen wir jetzt die Tüte Plätzchen her? (wird von Kommissaren geschubst. Da entdecken sie auf dem Fußboden Krümel) |
| *Kommissar:* | Da, eine Spur. |
| *Kommissare:* | (gehen langsam und gewichtig alle hintereinander den Krümeln nach, bleiben vor dem Vater stehen, schauen ihn entgeistert an. |
| | Vater isst genüsslich, blickt auf, sieht entsetzte Kommissarenaugen, schaut dann auf die Plätzchen in seiner Hand und wieder zu den Kommissaren) |
| *Kommissare:* | (schütteln den Kopf, nacheinander, dann gemeinsam, dann drehen sich alle zur Mutter um) |
| *Kommissar:* | Der Fall ist gelöst. - Klare Sache. |
| *Mutter:* | So? |
| *Kommissar:* | Die Weihnachtsmaus hat zwei Beine. Sie isst, denkt nach, isst, rechnet, isst und so weiter. |
| *Kommissar:* | Wer weiß, wie viel sie schon gegessen hat. |

| | |
|---|---|
| *Vater:* | 325 (rechnet) |
| *Schätzchen:* | Was, schon so viele? |
| *Vater:* | Redet ihr etwa von mir? Soll das heißen: Ich bin die Weihnachtsmaus? |
| *Mutter:* | Das heißt, dass ich die Gebäckdose jetzt an einen anderen Ort stelle; sonst haben wir Weihnachten kein einziges Plätzchen mehr. (zeigt liebevoll die fast leere Dose) |
| *Vater:* | Willst du etwa sagen, dass ich die alle aufgegessen habe? |
| | Mutter und Kommissare schauen sich an und nicken: Klarer Fall. Du bist die Weihnachtsmaus! |
| *Mutter:* | Die Kommissare haben die Weihnachtsmaus entdeckt. Hier ist der versprochene Lohn. Und ich fange jetzt mit dem Backen nochmal von vorne an. |
| *Kommissare:* | Dann: Auf Wiedersehen. |
| *Kommissar:* | Und sollten sie mal wieder eine Weihnachtsmaus im Haus haben, rufen sie uns nur herein. |
| *Kommissar:* | Wir finden die dann schon. |
| *Kommissar:* | Irgendwie sind wir ja auch Weihnachtsmäuse. |
| *Kommissar:* | Wie meinst du das? |
| *Kommissar:* | Na ja, wir haben doch die Tüte Plätzchen vom Schätzchen gegessen, obwohl die für Frau Sorgenreich bestimmt waren. |
| *Kommissar:* | Ob die jetzt keine Weihnachtsplätzchen hat? |
| *Kommissar:* | Hm. |
| *Kommissar:* | Also, ich finde, wir sollten ihr die Plätzchen schenken. |
| *Kommissar:* | Hm, machbar wäre das. |

| | |
|---|---|
| *Kommissar:* | Komm, wir rufen Schätzchen. Sie/Er?? soll ihr die Plätzchen bringen. Schließlich hatte er/sie?? auch den Auftrag. |
| *Kommissare:* | Schätzchen! |
| *Schätzchen:* | (kommt) Was wollt ihr denn noch? Die neuen Plätzchen sind noch nicht fertig gebacken. |
| *Kommissar:* | Wir wollen keine Plätzchen. Wir wollen dir einen Vorschlag machen. |
| *Schätzchen:* | Da steckt doch bestimmt wieder ein fauler Trick dahinter. |
| *Kommissar:* | Nein, diesmal nicht. Ehrenwort. Wir möchten, dass du diese Plätzchen der Frau Sorgenreich bringst. |
| *Schätzchen:* | (überrascht) Ist das euer Ernst? |
| *Kommissar:* | Na klar! Es ist doch Weihnachtszeit. Da zeigen wir Kommissare bei allem Verstand auch noch Herz. |
| *Schätzchen:* | Das heißt: Keine Stürmung des Objekts? |
| *Kommissare:* | Keine Stürmung des Objekts. Aber wir begleiten dich und lassen dich nicht aus den Augen: Das ist allein zur Sicherheit der Plätzchen. |
| *Schätzchen:* | Na gut. Dann tritt jetzt Plan 4 in Kraft. |
| *Kommissare:* | (im Chor) Plan 4? |
| *Schätzchen:* | Ja, Plan 4.(erklärend) Plan 4 heißt: Sicherung des Objekts und Garantie für eine Weihnachtsfreude. |
| *Kommissare:* | (erst verdutzt, dann ...) Also dann: Plan 4! (drehen sich ab und folgen hintereinander Schätzchen, dazu Krimimusik und Tanz.) |

# Weihnachtspakete sind unterwegs

## Eine Geschichte für Kinder im Grundschulalter

*Spiellänge:* ca. 15 Min.

*Mitwirkende:*
insgesamt 13 Personen
ein Postbeamter
sechs Absender
sechs Pakete:
1. Paket: Gebäck (leicht, fast schwebend, Nase leicht in die Höhe streckend)
2. Paket: Bär (gemütlich)
3. Paket: Ball (neugierig, ungeduldig, hüpft durch die Gegend)
4. Paket: Glas (vorsichtig)
5. Paket: Eilpost (evtl. auf Rollerblades ständig in Bewegung, drängt sich überall durch)
6. Paket: Ski (kantig, sperrig, ungelenk)

*Requisiten:*
Rutsche (evtl. leicht aufgestellte Gymnastikbank)
Stempel, Stempelkissen, Paketkarten

*Kostüme:*
Person als Schalterbeamter angezogen
Pakete in unterschiedlichen Formen (z.B. Eilpaket in gelb, Paketkostüm, aus dem Skier schauen, usw.)

*Kulisse:*
Im Schalterraum – durch Postbeamte und Stempel darstellen
Im Warteraum – Rutsche (evtl. abgedunkelter Raum)

Der vorgegebene Text bildet einen Leitfaden durch die Geschichte. Durch Vorübungen – warm ups – in denen die Charaktere im Vordergrund stehen, können die Texte auch von den Kindern entsprechend neu formuliert werden.

*Einstimmung / Sprecher:*

In der Postdienststelle treffen nach und nach viele Pakete ein. Sie gelangen über eine Rutsche in einen Warteraum.

In der Schalterhalle werden die Pakete in Empfang genommen und abgefertigt. Dabei ergeben sich kurze Gespräche zwischen dem Absender und dem Postbeamten z. B. über das Wetter, die Weihnachtshektik, den Adressaten etc.

Der Postbeamte stempelt die Pakete und transportiert sie mit kleinen Bemerkungen über die Größe, Verpackung usw. an die Rutsche. In kleinen Zeitabständen lässt er die Pakete in den 'Warteraum' rutschen.

| | |
|---|---|
| *1. Paket (Gebäck):* | (rutscht mit dem Ausruf) Hey, super. Oh, die Fahrt ist ja schon zu Ende. (schaut sich um) Nanu, hier ist ja niemand. Gehe ich heute allein auf Reisen? |
| *2. Paket (Bär):* | Hallo, Platz da! Mach den Weg frei. |
| *1. Paket (Gebäck):* | Langsam, langsam. Mach nicht so'n Geschrei. Es ist genügend Platz für uns zwei. |
| *3. Paket (Ball):* | Achtung! Hier komme ich. Bahn frei. Whow. Rückt mal'n Stück zur Seite. |
| *2. Paket (Bär):* | (zum 1. Paket) Siehst du, jetzt wird's langsam eng. |
| *4. Paket (Glas):* | Ohhh. Vorsicht. Vorsicht! Hiiilfe! Fangt mich auf. Sachte, sachte! |
| *3. Paket (Ball):* | (stützt 4. Paket) Nur keine Panik. (hüpft zur Seite) Hoppla! (macht noch drei weitere Hüpfer) |
| *5. Paket (Eilpost):* | Aus dem Weg. Ich hab' keine Zeit. Ich hab's eilig. |
| *2. Paket (Bär):* | Gemach, gemächlich. Hier ist für alle Platz. |
| *5. Paket (Eilpost):* | Was starrt ihr mich so an. Macht lieber Platz. |
| *1. Paket (Gebäck):* | Auch du wirst etwas Geduld haben müssen. Wir wollen heute alle noch weiter. |
| *5. Paket (Eilpost):* | Geduld? Geduld. Was ist das? Ich kenne keine Geduld. Ich hab's eilig. Ich muss heute noch nach Wien. |

| | |
|---|---|
| *2. Paket (Bär):* | Nur keine Hektik. Alles der Reihe nach. Schließlich wollen wir auch noch vor Weihnachten ankommen. |
| *5. Paket (Eilpost):* | Ich habe ein Sonderrecht und eine Sondererlaubnis. Schaut, hier steht's – Eilpost. Es geht bei mir um Minuten. |
| *4. Paket (Glas):* | (neugierig) Was ist denn in deinem Paket so Wichtiges drin, dass du nicht warten kannst? |
| *5. Paket (Eilpost):* | (hochnäsig) Päh! (wendet sich ab) |
| *6. Paket (Ski):* | (auf der Rutsche) Jo mei, was is'n des? Wo wollt's ihr denn alle hi? (rutscht) Oooooh! Uff, das ist ja noch mal gut gegangen. |
| *4. Paket (Glas):* | Hey, Vorsicht. Stoß mich nicht an mit deiner Spitze. Das vertrage ich nicht. |
| *6. Paket (Ski):* | (liest interessiert) Vor-sicht Glas. Zer-brech-lich. Oha! |
| *1. Paket (Gebäck):* | Ehm, es geht nach ... |
| *2. Paket (Bär):* | (riecht, rümpft erfreut die Nase): Wer von uns duftet denn hier so gut? Den Geruch kenne ich doch. |
| *3. Paket (Ball):* | (hüpft ungeduldig hin und her, er hat inzwischen alle Pakete geprüft) Erzählt mal, was haltet ihr hinter eurer Fassade verborgen? |
| *4. Paket (Glas):* | Pst, da kommt jemand. |
| *Postbeamter:* | (kommt, schaut sich um, schmunzelt, die Eilpost drängt sich unmerklich in seine Nähe) Das ist herrlich anzusehen. Ein Raum voller Weihnachtsüberraschungen. (nickt mit dem Kopf) In der Weihnachtszeit werden viele Pakete verschickt. Und da sind alles Überraschungen drin. Ich wüsste nur zu gern, was die Leute an Weih- |

41

|  |  |
|---|---|
|  | nachten so verschicken. (schaut sich nochmal um und geht ab) |
| *3. Paket (Ball):* | Sag ich doch. Ich möchte auch wissen, was ihr für Überraschungen bringt. |
| *1. Paket (Gebäck):* | Tja, wer von uns möchte das nicht gerne wissen? |
| *3. Paket (Ball):* | (schnüffelt) |
| *4. Paket (Glas):* | Schaut, diese Verpackung (deutet auf Ski) ist gar wunderhübsch (Pakete lachen) |
| *3. Paket (Ball):* | (ungeduldig) Aber sie verrät den Inhalt nicht. |
| *6. Paket (Ski):* | (klopft Ball auf die Finger) Na, hab ich dich beim Vorwitzeln erwischt? |
| *5. Paket (Eilpost):* | (fährt dazwischen) Eure Sorgen möcht ich haben. |
| *3. Paket (Ball):* | (schüttelt leicht an Paket 4 »Glas« Wenn ich da dran rüttle, ob's dann raschelt oder gar klirrt? |
| *4. Paket (Glas):* | (tritt entsetzt einen Schritt zur Seite) Hoffentlich nicht. |
| *6. Paket (Ski):* | Hör schon auf. Sonst hast du's am Ende noch vermasselt. |
| *5. Paket (Eilpost):* | Ach, die Zeit wird mir so lang. |
| *4. Paket (Glas):* | Und mir macht das Warten Angst. Hoffentlich bleibt alles ganz. |
| *1. Paket (Gebäck):* | Hm, in uns sind viele Wünsche verborgen. |
| *5. Paket (Eilpost):* | Aber unser Inhalt, der wird nicht verraten. Nie und nimmer. |
| *alle Pakete:* | Oh. |
| *5. Paket (Eilpost):* | Denkt doch nach. Vielleicht stehen wir ja Weihnachten unter ihrem (deutet auf Mädchen im Publikum) oder unter seinem (deutet auf Jungen im Publikum) Weihnachtsbaum. Und wenn wir alles verraten, wär's ja keine Überraschung mehr. |

| | |
|---|---|
| *Jonas:* | Aber ich habe viele Wünsche, nur keinen besonderen. |
| *Mutter:* | Dann schreib halt die vielen Wünsche auf. Die Lehrerin wird sich über deinen Wunschzettel freuen. |
| *Jonas:* | Aber ich möchte lieber nach draußen. Patrick wartet bestimmt schon auf mich. |
| *Mutter:* | Erst werden die Schularbeiten erledigt. |
| *Jonas:* | Aber das ist doch nicht viel. |
| *Mutter:* | Ja, dann mach, schreib halt schneller als sonst. |
| *Jonas:* | Aber was soll ich mir denn wünschen? |
| *Mutter:* | Siehst du, du weißt ja noch nicht mal, was du schreiben willst. Und dann sagt du, es ist nicht viel. |
| *Jonas:* | Ach Mama ... <br> (es klingelt an der Haustür, Jonas läuft zur Tür) |
| *Postbeamter:* | Ich habe hier ein riesiges Paket abzugeben. Es ist für einen Jonas bestimmt. Bist du der Jonas? |
| *Jonas:* | Ja, der bin ich. |
| *Postbeamter:* | Ist aber ein großes Paket. Was mag da wohl drin sein. |
| *Jonas:* | (achselzuckend) Weiß nicht. |
| *Postbeamter:* | Von wem ist es denn, lass mal sehen. Es kommt vom Warenhaus Traumland. Na, was mögen die dir wohl schicken? (hält das Paket weiter in der Hand) |
| *Jonas:* | Ich weiß nicht. |
| *Postbeamter:* | Was hast du denn bestellt? |
| *Jonas:* | Ich habe gar nichts bestellt. |
| *Postbeamter:* | Das ist ganz schön schwer! |
| *Jonas:* | (streckt ihm die Arme entgegen) Aha. |
| *Postbeamter:* | Man kann's gar nicht erraten. (schüttelt) Es raschelt nicht mal. |

| | |
|---|---|
| *Jonas:* | (streckt ihm erneut die Arme entgegen mit den Worten:) Vielen Dank auch fürs Bringen. |
| *Postbeamter:* | Soll ich's dir reintragen? |
| *Jonas:* | Nein, geht schon. Geben sie's ruhig her. |
| *Postbeamter:* | Ist es auch nicht zu schwer für dich? |
| *Jonas:* | (dreht sich ab) N-ei-n! |
| *Postbeamter:* | (ruft im Weggehen noch) Musst mir aber sagen, was drin war. Ich möchte's zu gerne wissen. (schüttelt den Kopf) Warenhaus Traumland. Was die wohl verschicken. (geht ab) |
| *Mutter:* | (ohne aufzusehen) Wer war es denn? |
| *Jonas:* | (prüft das Paket) Der Postbeamte. |
| *Mutter:* | Was wollte er denn? |
| *Jonas:* | (prüft weiter) Er hat ein Paket gebracht. |
| *Mutter:* | Ein Paket? |
| *Jonas:* | (beginnt den Knoten zu lösen, erklärt:) Es ist für mich. |
| *Mutter:* | Für dich? Von wem ist es denn? |
| *Jonas:* | (kriegt den Knoten nicht auf, genervt) Vom Warenhaus Traumland. |
| *Mutter:* | Aha, vom Warenhaus Traumland. (entsetzt) Oh nein. (lässt alles fallen, stürmt herbei). Nicht öffnen, nicht öffnen! |
| *Jonas:* | Aber es ist für mich. |
| *Mutter:* | (zieht das Paket weg) Das stimmt. |
| *Jonas:* | Also, dann darf ich's doch auch öffnen. |
| *Mutter:* | Später mein Junge, später. (will weg) |
| *Jonas:* | Aber warum später? |
| *Mutter:* | Kind, frag nicht so viel. |

| | |
|---|---|
| *Jonas:* | Aber wenn es doch für mich ist. |
| *Mutter:* | (dreht sich um, erklärt:) Schau Jonas, es ist kurz vor Weihnachten. Und da kommt viel Post. |
| *Jonas:* | (trotzig) Ja und? Die Briefe, die du kriegst, liest du doch auch direkt und das ist mein Paket. |
| *Mutter:* | Jonas. Manchmal ist aber in so einem Paket eine Weihnachtsüberraschung. Wenn du das Paket jetzt schon aufmachst, dann wär's ja Weihnachten keine Überraschung mehr. |
| *Jonas:* | Das stimmt. Aber woher weißt du, dass da eine Überraschung für mich drin ist? |
| *Mutter:* | Ich weiß es halt. Schließlich heißt der Absender Traumland. Und die meisten Träume oder Wünsche gehen eben an Weihnachten in Erfüllung. |
| *Jonas:* | Aber wenn kein Traum oder Wunsch drin ist, dann hab ich umsonst gewartet. |
| *Mutter:* | Lieber Jonas, so glaub mir doch. Ich ahne, dass da ein Wunschtraum drin ist. |
| *Vater:* | (kommt dazu, hat die letzten Sätze gehört) Und wenn Mutter eine Ahnung hat, dann trifft es auch meistens ein. Wie war das doch noch gestern, als das Telefon klingelte und Mutter sagte: »Heute passiert noch was, ich hab so eine Ahnung.« Und dann, als sie den Telefonhörer wieder auflegte, war das Essen angebrannt ... |
| *Mutter:* | Du hättest ja auch mal danach schauen können. (legt das Paket zur Seite) A propos Essen. Meine Plätzchen – oh je! |
| *Vater:* | (geht ins Arbeitszimmer) |
| *Jonas:* | (lugt zum Paket hinüber, er schüttelt es, hebt es hoch, stellt es vorsichtig auf den Kopf, nichts verrät den Inhalt) |

| | |
|---|---|
| *Mutter:* | (sieht nicht auf) Wie weit bist du mit deinem Wunsch- zettel? |
| *Jonas:* | (hört die Mutter nicht, so versunken ist er) |
| *Mutter:* | Jonas! |
| *Jonas:* | (erschrickt) Ja. (stellt Paket ab) |
| *Mutter:* | Hast du mich nicht gehört. Vielleicht sollten wir doch mal zum Ohrenarzt gehen. Wie weit bist du mit deinem Wunschzettel? |
| *Jonas:* | Noch nicht weit. |
| *Mutter:* | Ich habe eine Idee. Schreib doch über das, was du glaubst, was in dem Paket sein könnte. |
| *Jonas:* | Hm, dafür muss ich das Paket noch mal anfassen. |
| *Mutter:* | Anfassen kannst du es ja, aber nicht öffnen – und nicht schummeln, hörst du! (geht ab) |
| *Jonas:* | Ja, ja. (untersucht das Paket, riecht, fühlt, horcht; dann setzt er sich auf den Boden, stellt das Paket vor sich und grübelt und grübelt und hat eine Idee) |

Im Hintergrund tritt eine **Eisenbahn** auf, von Kindern gespielt – evtl. auf Rollerblades – mit Ratter und Geknatter zieht sie ein paar Bahnen hinter dem Rücken von Jonas. Dessen Augen leuchten und er träumt.

**Zweite Eisenbahn** kommt, zieht ebenfalls seine Bahn, rast plötzlich los, bremst, Reifen quietschen, Züge stoßen zusammen, fallen aus den Gleisen, Jonas erschrickt, wehrt ab »Nein«. Zug geht defekt ab. Jonas befühlt wieder das Paket, diesmal sehr vorsichtig, stellt es ab und starrt es an.

**Puppe** tritt im Hintergrund auf. Jonas kräuselt die Stirn. Musik setzt ein. Die Puppe tanzt. Jonas wiegt den Kopf zur Musik. Musik setzt aus. Jonas schüttelt den Kopf. »Pah, was soll ich mit einer Puppe?« Schüttelt sich, starrt erneut das Paket an.

**Kind mit Ski** tritt auf, macht Ski-Gymnastik. »Dafür ist das Paket zu klein. Es gibt noch keine Klappski.«

Hier sollten die Geschenke durch Ideen der Kinder erweitert werden. So entsprechen sie den realistischen und aktuellen Wünschen der Kinder.

*Jonas:* (dröhnt der Kopf) Ich krieg nie raus, was in dem Paket ist. Ist auch egal, schließlich ist es eine Überraschung. Nur schön sollte es sein und funktionieren muss es. Es sollte irgendetwas sein, was ich gebrauchen kann. Ach egal. (schaut auf die Uhr) Oh, Patrick wartet schon. Ich habe jetzt genug Ideen für den Wunschzettel. Dann mach ich nachher meine anderen Hausaufgaben. Mama wird schon nicht schimpfen. Die wird staunen, wie lang mein Wunschzettel wird und wie schnell ich damit fertig bin.

# Als der Weihnachtsmann mitten im Schnee
## stecken blieb

Eine Geschichte zum Weiterentwickeln für Kinder
im Kindergarten- und Grundschulalter

*Spiellänge:* ca. 10 Min. Grundgeschichte, dazu kommt die Weiterentwicklung

*Mitwirkende:*
Erzähler
Weihnachtsmann
zwei Rentiere
4-6 Kinder: Chor/Wind/Geräusche/Waldtiere/Schneeflocken

*Requisiten:*
Schlitten, langes Seil
Geschenkpakete
Trinktasse
Bürste, Wischlappen
Zaumzeug oder Decken
Stalllaterne, Windlicht oder Taschenlampe

*Kostüme:*
Weihnachtsmann – Pelzstiefel, roter Mantel, Wintermütze, Fäustlinge
Rentiere – braune Kleidung, Geweih aus Pappmaschee
Wind – Kinder halten in der Hand leichte graue, weiße oder schwarze
    Tücher
Schneeflocken – weiße Kleidung, Papp-Kristalle

*Kulisse:*
gemütlicher Wohnraum, evtl. Schneelandschaft

*Erzähler:*
Kurz vor Weihnachten lud der Weihnachtsmann die vielen Geschenke
auf seinen Schlitten. Zum Schluss band er noch einen breiten Riemen
drumherum. Es war eine schwere Arbeit, so viele Wünsche hatten die

Kinder. Er stöhnte, als er das letzte Paket aufgeladen hatte. Jetzt brauchte er erst einmal eine heiße Tasse Bouillon. Danach ging er in den Stall und bürstete die beiden Rentiere. Er striegelte ihren Schweif, putzte ihr Geweih blitzeblank und legte ihnen das Zaumzeug an. Draußen begann es zu schneien. Der Weihnachtsmann brummelte etwas in seinen Bart, während er gemächlich ins Haus zurückschritt. Er zog seine Pelzstiefel an, nahm seinen warmen Mantel vom Kleiderhaken, stülpte sich seine Mütze mit den Ohrenklappen über und versteckte dann seine Hände in den wattierten Fäustlingen. Noch einmal schaute er wehmütig in die warme Stube. Mühsam zog er seinen Schlitten nach draußen, schloss die Tür und stapfte durch den Schnee zu den Rentieren.

»Brrr«, grummelte er, »gleich geht's los.«

Die Rentiere freuten sich auf die Fahrt. Sie kannten den Weg und liebten es, durch den Schnee zu galoppieren und mit den Schneeflocken zu spielen.

Ab und an zog der Weihnachtsmann die Zügel an, nämlich immer dann, wenn die Rentiere sich von den Schneeflocken ablenken ließen und dadurch vom Weg abweichen wollten. Der Weihnachtsmann war sehr konzentriert. Er wollte die Arbeit so schnell wie möglich hinter sich bringen.

Der Schnee fiel immer dichter. Dicke, weiche Flocken tanzten zur Erde. Jetzt wurde auch der eisige Nordwind wach. Er fand Gefallen an dem Schneetreiben und blies etwas kräftiger. Die Schneeflocken wirbelten wild durcheinander und jauchzten vor Vergnügen. Davon angestachelt holte der Nordwind zu einem tiefen Atemstoß aus und blies und blies und blies. Die Schneeflocken purzelten kreuz und quer. Einigen wurde ganz schwindelig, andere riefen: »Mehr, mehr.« Ihnen konnte es nicht wild genug sein.

Nur der Weihnachtsmann war nicht erfreut. Er hatte große Mühe, den Weg zu sehen. Auch die Rentiere keuchten jetzt. Der Wind drückte sie vor und zurück, nach rechts und links. Der Druck war intensiver als das Ziehen der Zügel. Bald spürten sie den Unterschied nicht mehr und kämpften sich lediglich nach vorne durch, d. h. dorthin, wo sie glaubten, dass vorne wäre. Der Weihnachtsmann konnte keinen Weg mehr erkennen. Die Schneeberge wuchsen und wuchsen. Auf einmal stand der Schlitten still. Nichts ging mehr. Da half auch kein »Brrr« und »Hüüh« mehr. Sie steckten tatsächlich im Schnee fest. Der Weihnachtsmann war ratlos. »So ein Schnee. Ausgerechnet jetzt tobt der Nordwind, wo's mir so pressiert. Wie bekommen die Kinder bloß ihre Geschenke? Was mach ich nur?« Vorsichtig hob er seinen Kopf, den er schützend in seinem Mantelkragen verborgen hatte. Er stand auf, um den Schlitten zu prüfen. Da entdeckte er einige Waldtiere, die Zuflucht unter dem Schlitten gesucht hatten. Sie sahen den Weihnachtsmann fragend an. »Ich weiß auch nicht mehr weiter«, murmelte der.

Da tauchte plötzlich vor ihnen ein kleines Licht auf ...

Hier endet meine Geschichte. Wie geht es wohl weiter? Was ist das für ein Licht? Bekommt der Weihnachtsmann Hilfe oder passiert etwas anderes? Erzählt die Geschichte doch weiter. Ich bin gespannt, was euch dazu einfällt.

Die Kinder erfinden die Fortsetzung der Geschichte. Ihre Kreativität und Spontanität wird eine lebendige, interessante Geschichte entstehen lassen.

Die Geschichte könnte dann vorgespielt werden.

# Das geheimnisvolle Paket oder
# Die Kommissare lösen wieder einen Fall

Spielgeschichte für Kinder ab 6 Jahren

*Spiellänge:* ca. 35 Min.

*Mitwirkende:*
ca. 10 Kommissare
ein Schätzchen
Herr Kleinfuß
Herr Ypsilon

*Requisiten:*
Fahrrad
Musik: z. B. Peter Gun; Alfred Hitchkock (Krimimusik)
Stellwand, Haus
Zettel, Stift
großer Papierkorb (Mülleimer)
abgebrochener Schraubenzieher
Paket, Tüte Plätzchen, Lageplan, Brief
5 einzelne Markstücke
Postsack

*Kostüme:*
Kommissare – große weite Mäntel, Trenchcoat, Jackets, Hüte, Kappen
   (von Erwachsenen)
1. Herr – im Wintermantel, Hut, Zettel, Stift in der Hosentasche,
   Pfeife
2. Herr – in Winterbekleidung

*Kulisse:*
Auf der Straße – Parkbank, Hausfront, Mülleimer
Im Haus – Wohnraum (Tisch, 2 Stühle, Teekanne, Teetassen, Gebäck)
Die Kommissare treffen sich an der grünen Bank. Teilweise kommen
sie in kleinen Gruppen, teilweise alleine. Ab und an schauen sie auf
die Uhr. Spannung ist zu erkennen.

| | |
|---|---|
| *Kommissar:* | Hallo, da seid ihr ja schon. Na, gibt's was Neues? |
| *Kommissar:* | Noch ist nichts los. |
| *Kommissar:* | Das hatten wir doch schon mal. |
| *Kommissar:* | Sind eigentlich alle da? |
| *Kommissar:* | Alle, bis auf Schätzchen und ... |
| *Kommissar:* | Da kommt Schätzchen ja. |
| *Kommissar:* | Ob ... wieder leckere Plätzchen mitbringt? |
| *Kommissar:* | Du bist ganz schön verfressen. |
| *Kommissar:* | Und da kommt ... (ein Kommissar kommt mit Fahrrad angesaust) ... der hat vielleicht einen Zahn drauf. |
| *Kommissar:* (mit Fahrrad) | Was steht ihr hier so rum? Los schnell, beeilt euch. Es gibt Arbeit. |
| *Kommissar:* | Was is'n los? |
| *Kommissar:* (mit Fahrrad) | Ich sage nur: Plan 3. |
| *Schätzchen:* | Plan 3? (die anderen Kommissare verdrehen die Augen) |
| *Kommissar:* | (genervt) Ja, Plan 3. (erklärt nachdrücklich:) Plan 3 heißt Verfolgung einer verdächtigen Person. |
| *Schätzchen:* | Wo? |
| *Kommissar:* | Oh Mann. |
| *Kommissar:* (mit Fahrrad) | Keine Zeit für Fragen. Mir nach! |
| *Kommissar:* | Mach's nicht so spannend. |
| *Kommissar:* | Ich verfolge doch kein Phantom. |
| *Kommissar:* (mit Fahrrad) | Hab Vertrauen. Ich weiß schon, was ich mache. |

Musik – alle schleichen hinter dem Kommissar (mit Fahrrad) her, vorsichtig, schauen geheimnisvoll nach rechts und links, bleiben stehen, letzter Kommissar läuft auf, schleichen weiter, wichtigtuend, alles zur Musik – Musik läuft auch während der nächsten Sätze

*Schätzchen:*     (bleibt stehen) Das ist mir zu dumm.

*Kommissar:*     (zieht ihn/sie weiter) Komm schon.

(nach zwei weiteren Takten stoppt die Musik und die Kommissare bleiben stehen)

*Kommissar:*
*(mit Fahrrad)*     Da ist er.

(schleichen hinter Mister X her, beobachten seine Bewegungen, bleibt er stehen, bleiben alle stehen, geht er weiter, schleichen sie wieder hinter ihm her)

*Schätzchen:*     Das ist doch Herr Kleinfuß. Keiner weiß zwar so recht, was er macht, aber deshalb ist er doch noch lange nicht verdächtig.

*Kommissar:*     Ist er. Ist er.

*Kommissar:*     Pst, geheime Mission. Absolute Ruhe. Oder willst du, dass er uns entwischt?

*Schätzchen:*     Entwischt?

*Kommissar:*     Der geht mir auf die Nerven, mit seinem ständigen Nachgeplappere.

(Mister X bleibt stehen, die anderen laufen fast auf, Mister X grübelt, dann geht er weiter)

*Kommissar:*     Puh, das ist ja nochmal gerade gut gegangen.

(Mister X schaut Haus an, zieht Zettel heraus, notiert etwas, blickt kopfschüttelnd Haus an)

*Kommissar:*     Kombiniere, er macht sich einen Plan von dem Haus. Höchst verdächtig.

(Mister X steckt Zettel ein, schaut durch die Tür, geht weiter, Kommissare folgen)

| | |
|---|---|
| *Schätzchen:* | Aber ... |
| *Kommissar:* | (zischt) Sei endlich still.. |

(gehen weiter, Mister X setzt sich auf eine Bank, schreibt, Kommissare in Sichtweite in Lauerstellung, Mister X steckt sich eine Pfeife an)

| | |
|---|---|
| *Kommissar:* | He Kleiner, hast du alles mitgeschrieben? |
| *Kommissar:* | (erklärt stolz) Jede Observierung muss protokolliert werden. Das gehört zu unserem Job. Ein Kommissar achtet auf jede Kleinigkeit und hält alles schriftlich fest. |
| *Kommissar:* | Damit er später den Fall vollständig re-kon-stru-ieren kann. |
| *Kommissar:* | Achtung, verdächtige Person setzt sich in Bewegung. |

(Mister X steht auf, schaut rechts, links, rechts, überlegt, wirft Zettel in Mülleimer, schaut nochmal nach, geht nickend ab)

| | |
|---|---|
| *Kommissar:* | Schätzchen, nimm den Zettel aus dem Papierkorb, wichtiges Dokument. |

(Mister X geht zielstrebig in sein Haus)

| | |
|---|---|
| *Kommissar:* | Puh, bis hierhin haben wir alles gesehen und gehört. |
| *Schätzchen:* | Gehört? |
| *Kommissar:* | Wir registrieren alles. Auch das kleinste Geräusch. Hast du etwa nicht gehört, wie er den Tabakrauch ausgeblasen hat? (macht es nach) Wir leisten vollständige Arbeit. |
| *Kommissar:* | Schätzchen, zeig her, was steht auf dem zerknüllten Papier? Jetzt gilt Plan 2. |
| *Kommissar:* | (erklärt) Untersuchung eines geheimnisvollen Objektes. (entfaltet das Papier in aller Eile) |

| | |
|---|---|
| *Schätzchen:* | Aber er hat doch das Papier weggeworfen. |
| *Kommissar:* | Weggeworfen? |
| *Kommissar:* | Ts, ts, ts, weggeworfen. (schüttelt den Kopf) Du hast doch keine Ahnung. |
| *Kommissar:* | Hast du nicht bemerkt, wie er nach allen Seiten geschaut hat, ehe er das Beweisstück in den Mülleimer geworfen hat? Die Botschaft ist für einen Komplizen bestimmt. |
| *Kommissar:* | Bestimmt kommt der jetzt zur Bank und sucht die Nachricht. |
| *Schätzchen:* | Ihr habt eine blühende Fantasie. |
| *Kommissar:* | Fantasie? Mensch, du verstehst aber auch gar nichts. Typisch wohl behütetes Kind. |
| *Kommissar:* | Junge, du musst den Tatsachen ins Auge sehen. Fakten sind nun mal Fakten – Punkt. (hält das Papier in die Höhe) |
| *Kommissar:* | Aha, jetzt kommen wir dem Geheimnis auf die Spur. Hier steht: (liest vor) ‚Das Haus mit den drei Fenstern hat keine verschlossene Tür.' |
| *Kommissar:* | Da siehst du's. Eine Geheimbotschaft. Die müssen wir jetzt entschlüsseln. |
| *Schätzchen:* | Er hat doch nur das Haus beschrieben. Das könnte doch jedes x-beliebige Haus sein. |
| *Kommissar:* | Nein, weil es das Haus dort ist, du Superspürnase. Aber an wen ist die Botschaft gerichtet? Was haben die vor? Warum steht hier: Die Tür ist nicht verschlossen? |
| *Kommissar:* | Klare Sache. Die planen einen Einbruch. |
| *Schätzchen:* | Hm, ich muss ja zugeben, eigenartig ist das irgendwie schon. |

| | |
|---|---|
| *Kommissar:* | Eigenartig? Mensch Junge/Mädchen, wann begreifst du endlich? Es handelt sich hier um einen höchst spannenden Kriminalfall. |
| *Kommissar:* | Wir haben keine Zeit, lange zu diskutieren. Kommt, wir gehen zurück zur Bank. Vielleicht ist die unbekannte Person schon eingetroffen. |
| | (laufen zurück, entdecken im Mülleimer abgebrochenen Schraubenzieher) |
| *Kommissar:* | Und was ist das? (hält Schraubenzieher hoch) |
| *Schätzchen:* | Das ist ein kaputter Schraubenzieher, (kleinlaut) den jemand weggeworfen hat. Das ist schließlich ein Abfalleimer. |
| *Kommissar:* | Papperlapapp. Das ist Beweisstück Nummer 2. Der Unbekannte war also schon hier. Mist. Wir sind zu spät gekommen. |
| *Kommissar:* | Ich fasse zusammen: Eine Beschreibung des Hauses, ein abgebrochener Schrauben... (wird unterbrochen) |
| *Schätzchen:* | Aber wenn die Tür nicht verschlossen ist, warum dann der Schraubenzieher? |
| *Kommissar:* | Weil der Unbekannte doch nicht weiß, dass die Tür nicht verschlossen ist. Er hat die Botschaft doch nicht bekommen. |
| *Schätzchen:* | Verstehe. |
| *Kommissar:* | Kombiniere, jetzt hat er's/sie's. Gratuliere. Du wirst mit sofortiger Wirkung in unseren Kriminalclub aufgenommen. |
| *Schätzchen:* | Wenn der Unbekannte schon hier war, und die Botschaft nicht erhalten hat, und Herr Kleinfuß zu Hause ist, was machen wir denn dann noch hier? |

| | |
|---|---|
| *Kommissar:* | Guter kriminalistischer Ansatz. Wir müssen den geheimnisvollen Mister – Kleinfuß – beschatten. Nix wie hin. |
| | (laufen, schauen durchs Fenster) |
| *Kommissar:* | Da, er hat ein Paket gepackt. Verdammt, wir sind wieder zu spät gekommen. Er verschnürt es gerade. Wir müssen wissen, was drin ist. |
| *Kommissar:* | Ich hab's. Schätzchen, du kennst ihn doch, wenigstens den Namen. Du musst ihn überzeugen, dass du ihm eine Freude machen willst und darum für ihn das Paket auf die Post bringen willst. |
| *Schätzchen:* | Wer? Ich? |
| *Kommissar:* | Heißt hier sonst noch jemand Schätzchen? |
| *Schätzchen:* | Aber ... |
| *Kommissar:* | Kein aber. Keine Angst, dir passiert schon nichts. Wir lassen dich keinen Moment aus den Augen. |
| *Kommissar:* | Du verstehst doch, dass nur du ihn von der guten Absicht überzeugen kannst. |
| *Schätzchen:* | Und was machen wir dann mit dem Paket? |
| *Kommissar:* | Langsam, langsam. Alles der Reihe nach. Organisiere du erstmal das Beweisstück Nummer 3. |
| *Kommissar:* | Achtung! Er kommt aus dem Haus. Los, Schätzchen. |
| | (wird nach vorne geschoben mit 'na, geh schon') |
| *Schätzchen:* | Guten Tag, Herr Kleinfuß. Wollen sie ein Paket bei der Post aufgeben? |
| *H. Kleinfuß:* | (überrascht, stutzt) Ein Paket? Äh, ach ja, ein Paket. |

| | |
|---|---|
| *Schätzchen:* | Ich muss sowieso dort vorbei. Soll ich ihr Paket gleich mitnehmen? |
| *H. Kleinfuß:* | Ja, ähm, das wäre gut. Das Paket ist leicht. Hier hast du 5 DM. Das Geld müsste reichen. Der Rest ist für dich. Ähm ja, danke schön. (im Abdrehen murmelnd) Danke schön, das ist sehr nett von dir. |
| *Kommissar:* | He super, das war echt profimäßig! Stark. |
| *Schätzchen:* | Und was machen wir jetzt? |
| *Kommissar:* | Jetzt laufen wir zurück zur Bank und dort ... ich sage nur Plan 2. Plan 2 heißt: Untersuchung eines geheimnisvollen Objekts. |
| *Schätzchen:* | Aber wie wollt ihr das Paket untersuchen, ohne die Verpackung zu zerstören? |
| *Kommissar:* | Kommissare sind berechtigt, jedes Beweisstück zu untersuchen. Sag jetzt bloß nicht 'aber'. Schau, es ist ja nur verschnürt. |
| *Kommissar:* | Seht doch nur, es ist adressiert an: Herrn Ypsilon Waldweg 13 in Schaudernheim. |
| *Kommissar:* | Hua, mir läuft's eiskalt den Rücken runter. |
| *Kommissar:* | Und als Absender steht: Überraschung. |
| *Schätzchen:* | Was hat das wohl zu bedeuten? |
| *Kommissar:* | Halte das im Protokoll fest: Absender ohne Namensnennung! Wir haben jetzt keine Zeit für knifflige Kopfnüsse. Wir müssen uns beeilen, das Paket muss noch heute zur Post. |
| *Kommissar:* | Aber erst nach der Durchsuchung. (öffnet das Paket – knifflige gespannte Aktion) Schaut, da ist eine Zeichnung drin. |

| | |
|---|---|
| *Kommissar:* | Das alte Haus! Und sogar ein Lageplan. |
| *Schätzchen:* | Und eine Tüte Plätzchen. |
| *Kommissar:* | Finger weg, davon wird keines probiert. Man kann ja nie wissen. |
| *Kommissar:* | Und ein Brief. |
| *Kommissar:* | Nun mach schon, lies vor. |
| *Kommissar:* | Da steht: 'Hallo, du alter Ganove!' |
| *Kommissar:* | (zischt) Ich hab's doch gewusst. |
| *Kommissar:* | (liest weiter) Bald ist es geschafft. Die Lösung des Problems ist abzusehen. Es hat mir reichlich Kopfzerbrechen bereitet. Die Zeichnung ist mir ziemlich exakt gelungen. Jetzt bist du an der Reihe. Mach deine Sache gut. Wenn wir erst die Probe bestehen, werden wir beide bald im Geld schwimmen. Also, leiste volle Arbeit. Komm doch morgen um 14.00 Uhr zum Tee, dann können wir alles nochmal besprechen. Bring deine Ausstattung mit. Ich erwarte dich. Dein Komplize.

PS: Anbei eine Kostprobe von meinen selbstgebackenen Zimtsternen, die ich diesmal mit hochprozentigem Gift geimpft habe. Ich kenne doch deine Vorliebe. |
| *Kommissar:* | Mensch, da haben wir eine höchst kriminelle Entdeckung gemacht. |
| *Kommissar:* | Was steht da von Ausstattung? Zeig her: Bring deine Ausstattung mit. Die meinen wohl Tatwerkzeug, großer Sack und Handschuhe. |
| *Schätzchen:* | Handschuhe? |
| *Kommissar:* | Ja, Mann, damit sie keine Fingerabdrücke hinterlassen. – Aber wen wollen die vergiften? |

| | |
|---|---|
| *Kommissar:* | Fragen über Fragen. Aber so kommen wir nicht weiter. Wir müssen planmäßig vorgehen. |
| *Schätzchen:* | Müssten wir damit nicht zur Polizei? |
| *Kommissar:* | Damit die uns wegen unerlaubten Paketöffnens einlochen? Ne, ne, mein Freund, da müssen wir schon alleine durch. Hier ist unsere kriminalistische Ader gefragt. |
| *Schätzchen:* | Ist das nicht eine Nummer zu groß für uns? |
| *Kommissar:* | Zu groß? Nein, da haben wir schon ganz andere Fälle gelöst. Aber jetzt schnell alles wieder einpacken und dann ab zur Post. Oder will einer ein Plätzchen? |
| *Kommissar:* | Du willst uns wohl vergiften. |
| | (packen alles ein und laufen zur Post), |
| | Schätzchen geht ins Gebäude, die anderen warten draußen) |
| *Kommissar:* | Das dauert und dauert. Was macht er nur so lange? |
| *Schätzchen:* | Das hat 4,00 DM gekostet. Was machen wir jetzt mit der restlichen Mark? |
| *Kommissar:* | Die kannst du behalten. Ich will kein Ganovengeld. |
| *Kommissar:* | Aber eins ist klar. Damit wirst du zu ihren Komplizen. |
| *Schätzchen:* | Ihr spinnt. Ihr hängt genauso mit drin wie ich. – Ich habe eine Idee. Von dem Geld kaufe ich eine Schokolade und verschenke sie. |
| *Kommissar:* | Damit machst du jemandem eine Freude und uns befreist du von der Last der Mittäterschaft. |
| *Kommissar:* | Aber jetzt müssen wir nach Hause. Wir treffen uns morgen, um das Haus zu überwachen. Vor |

|  | morgen passiert eh nichts mehr. Erst muss der Ypsilon ja mal die Post kriegen. Also bis morgen. Wir treffen uns pünktlich um 14.00 Uhr wieder hier. Und Schätzchen, sag zu keinem Menschen ein Wort. Schwör's! |
|---|---|
| *Kommissar:* | Ja, schwör's bei den Fenstern des Unglückshauses. |
| *Schätzchen:* | Ich schwöre es. |
| *Kommissar:* | Dann also auf morgen. Pünktlich um 14.00 Uhr. (alle laufen ab) |

| Szene: | Das Haus von Herrn Kleinfuß (am anderen Tag) |
|---|---|
| *Kommissar:* | Wo ist Schätzchen? |
| *Kommissar:* | Vielleicht hat der/die Muffen gekriegt. |
| *Kommissar:* | Quatsch, der/die muss bestimmt wieder eine gute Tat vollbringen. – Da kommt er/sie ja schon angerannt. |
| *Kommissar:* | Wurde auch höchste Zeit. Los, beeilen wir uns. Heute lösen wir den Fall. Ich sage nur Plan 3. |
| *Kommissar:* | Da kommt Ypsilon. So sieht der also aus. |
| *Schätzchen:* | Aber irgendwie wirkt der harmlos. Der sieht gar nicht aus wie ein Verbrecher. |
| *Kommissar:* | Der ist nur getarnt. Oder glaubst du, der will erkannt werden? |
| *Kommissar:* | Da, der Bleifuß öffnet die Tür. Kommt, wir schauen durchs Fenster. Ihr drei stellt euch dicht an die Tür und lauscht. Was die wohl aushecken werden. |
| *Kommissar:* | Klappe, jetzt werden wir Kronzeugen eines Ganovenplans. |
| *Kommissar:* | Ich kann aber nichts sehen. |

63

| | |
|---|---|
| *Kommissar:* | Dann schreib das Protokoll. Schreib über den äußeren Rahmen: Tatzeit, Hausbeschreibung etc. |
| *Kommissar:* | Schreib auch von mir, dass ich zu den Kommissaren gehöre. |
| *Kommissar:* | Lass das. Halte dich nicht an Nebensächlichkeiten auf. Wir unterzeichnen zum Schluss alle das Protokoll. Dann gehst du auch in die Geschichte ein. |
| *Kommissar:* | Ich seh schon die Schlagzeile: Kommissar ............ alias ............ und seine Freunde haben heute das Gangsterduo entlarvt. |
| *Kommissar:* | Psst, drinnen tut sich was. |
| *Ypsilon:* | Nun spann mich nicht länger auf die Folter. Teil mir deinen Plan mit. Lass dich doch nicht so lange bitten. |
| *H. Kleinfuß:* | Wart's doch ab. Setz dich erstmal gemütlich hin, schlürf deinen Tee und hör zu. Also, ... willst du noch einen Tee? |
| *Ypsilon:* | Ach, hör schon auf und fang endlich an. |
| *Kommissar:* | Aufhören und anfangen, was will der eigentlich? |
| *H. Kleinfuß:* | Also, da wäre als Erstes das Haus. Die Kinder müssen kleine Zettel finden, auf denen der Weg beschrieben ist. |
| *Kommissar:* | Mensch, was haben die mit denen vor? |
| *Kommissar:* | (zischt) Sei still. |
| *H. Kleinfuß:* | Nach und nach müssen sie den richtigen Waldweg finden. Dann kommen sie an das Haus. Die Nachricht heften wir an die angelehnte Tür. Wenn sie die Antwort aufschreiben wollen, dann geht die Tür auf, weil sie doch nur angelehnt ist. |
| *Kommissar:* | Die Schufte. |
| *Ypsilon:* | Meinst du, die Kinder gehen rein? |

| | |
|---|---|
| *H. Kleinfuß:* | Na klar, Kinder sind doch von Natur aus neugierig. Also, wenn sie zur Tür reinschauen, entdecken sie die Plätzchen, die wir auf den Tisch gestellt haben und stürzen sich bestimmt gleich darauf. |
| *Kommissar:* | Die wollen Kinder vergiften. |
| *Schätzchen:* | Wir müssen Hilfe holen. |
| *Kommissar:* | Wart's doch ab. |
| *Kommissar:* | Vielleicht können wir die Kinder warnen, wenn sie ankommen. |
| *H. Kleinfuß:* | Und dann kommst du mit dem großen Sack. |
| *Einige Kommissare:* | (Die Kommissare, die an der Tür gelauscht haben, fallen zur Tür herein) Hilfe! Hilfe! |
| *H. Kleinfuß:* | Ja, was macht ihr denn hier? Kommt mal her. |
| *Kommissar:* | Aber wir mögen keine Plätzchen und wir haben auch gar nicht gelauscht. |
| *Ypsilon:* | Ja, warum seid ihr denn so aufgeregt? (H. Kleinfuß und XY lachen, überrascht) |
| *Kommissar:* | Wir müssen helfen. Oder wie lange sollen wir noch warten? |
| *Kommissar:* | Schätzchen, du musst die Situation retten. Dir kann er nichts tun. Er weiß, dass du ihn kennst. Sag, dein Vater stände vor der Tür. Nein, warte ... |
| *H. Kleinfuß:* | Jetzt kommt mal her und beruhigt euch. (er geht auf die Kinder zu, die drücken sich an die Tür) Ypsilon, reich mir mal den großen Sack herüber. |
| *Kommissar:* | Nein, nein, bitte nein. Wir verraten auch nichts. |
| *Kommissar:* | Ganz bestimmt nicht. |
| *Kommissar:* | Wir schwören es ... bei den Fenstern des ... (wird von seinen Freunden gepufft) |

| | |
|---|---|
| *Ypsilon:* | Ich verstehe das nicht. Was ist bloß mit den dreien los? Die sind ja ganz verstört. Was machen wir mit denen? |
| *Kommissar:* | Gnade. Gnade. |
| *Kommissar:* | Jetzt bist du dran Schätzchen. Beeil dich. (wird zur Tür reingeschoben) |
| *Schätzchen:* | (stottert) Guten Tag, Herr Kleinfuß. |
| *H. Kleinfuß:* | Ja, guten Tag Schätzchen. Sag, bist du mit den dreien hier gekommen? |
| *Schätzchen:* | Ich? ... Nein ... ehm ... |
| *Kommissar:* | Feigling! (leise) |
| *H. Kleinfuß:* | Vielleicht sprichst du mal mit den dreien. Wir wissen nicht, was mit denen los ist. (ratlos) |
| *Schätzchen:* | Oh, ich habe gar keine Zeit. Ich wollte ihnen nur sagen, dass ich das Paket verschnürt und zugebunden zur Post gebracht habe und ... draußen wartet mein Vater ... |
| *H. Kleinfuß:* | Dein Vater? (geht zur Tür) Der muss doch nicht in der Kälte stehen, der kann doch reinkommen. (schaut nach draußen und entdeckt die Kinder) Deinen Vater seh ich nicht, aber dafür diese hier. (holt die Kinder rein) |
| *Ypsilon:* | Ja, was seid ihr denn für eine Bande? Moment mal, ihr seht ja aus wie echte Kommissare: |
| *Kommissar:* | Kom - mi - ssare? Wwwieso? |
| *Ypsilon:* | Na, das ist doch sehr merkwürdig. Am Ende seid ihr alle Kriminologen? Was? |
| *Kommissar:* | Aber, aber, wir sind ganz zufällig hier vorbeigekommen. |
| *Kommissar:* | Ja, weil sie doch den Brief mit der Geheimbotschaft weggeworfen haben. |

| | |
|---|---|
| *H. Kleinfuß:* | Geheimbotschaft? |
| *Kommissar:* | Ja, die Beschreibung von dem alten Haus. |
| *Kommissar:* | Mit der angelehnten Tür. |
| *Kommissar:* | Und dann haben sie das Paket mit den vergifteten Plätzchen an 'Herrn' Ypsilon geschickt. |
| *H. Kleinfuß:* | Schau einer an. Ihr wisst also auch, was in dem Paket war. Aber woher wisst ihr das? |
| *Kommissar:* | Weil wir das Paket aufgemacht haben. Aber wir haben kein Plätzchen probiert. |
| *Kommissar:* | Würg. |
| *Kommissar:* | Darum sind wir jetzt auch hier. – Weil wir doch auch Herrn Ypsilon, hm, sehen wollten. |
| *Ypsilon:* | (und H. Kleinfuß lachen herzlich) Ihr seid ja richtige Detektive. Mensch Kleinfuß, jetzt haben wir ja noch 'ne Geschichte. |
| *Kommissar:* | Noch 'ne Geschichte? |
| *H. Kleinfuß:* | Ja, eine zweite Geschichte. Ich glaube, wir sind euch jetzt eine Erklärung schuldig. |
| *Ypsilon:* | Richtig. Kommissare wollen doch immer ihre Fälle lösen und abschließen. Vorher haben aber die Angeklagten, und das sind wir doch, oder? Also, vorher haben wir noch das Recht zur Verteidigung. |
| *H. Kleinfuß:* | Es tut uns leid. Wir müssen euch enttäuschen. Wir sind keine Gangster. |
| *Kommissar:* | Pah, keine? |
| *Kommissar:* | Beweise, Beweise, meine Herren. |
| *Kommissar:* | Also, wer seid ihr? |
| *H. Kleinfuß:* | Nun gut. Ich bin Herr Kleinfuß und von Beruf Schriftsteller. Und das ist Herr Ypsilon oder besser Herr Schröder, mein Verleger. |

| | |
|---|---|
| *Kommissar:* | Und was sollen dann die Geheimbotschaften? |
| *H. Kleinfuß:* | Die Geheimbotschaften, wie ihr das nennt, ist unser ganz normaler Briefwechsel. Übrigens, ich nenne Herrn Ypsilon auch Ganove. |
| *Kommissar:* | Das haben wir gelesen. |
| *Kommissar:* | Und was ist mit den vergifteten Plätzchen? |
| *H. Kleinfuß:* | Ja, das sind wahrlich keine Kinderplätzchen gewesen. Die waren mit Alkohol. Sagt selbst, ist das kein Gift? |
| *Kommissar:* | Aber was sollten die Kinder dabei? |
| *H. Kleinfuß:* | Also, ich habe einen Weihnachtskrimi geschrieben. Jedes Mal, wenn ein Weihnachtsrätsel gelöst ist, ergeben die ersten Silben des Lösungswortes einen Hinweis auf das nächste Versteck. |
| *Kommissar:* | So einfach? |
| *Kommissar:* | Das klingt wirklich alles einfach. Aber was die Kinder dabei sollen, haben sie noch nicht gesagt. |
| *H. Kleinfuß:* | Bevor der Weihnachtskrimi als Buch erscheinen sollte, wollten wir die Geschichte von Kindern spielen lassen, um zu sehen, ob sie auch wirklich interessant ist oder noch etwas verändert werden muss. In dem Haus sollten die Kinder dann überrascht werden. Weil doch Weihnachtszeit ist, wollten wir ihnen eine kleine Freude machen ... |
| *Kommissar:* | Ach, darum die Ausstattung von Herrn Ypsilon. Er sollte sicher den Weihnachtsmann spielen. |
| *Ypsilon:* | Ich als Weihnachtsmann. Ist doch 'ne nette Idee! Aber was wir hier heute erlebt haben, übertrifft bei weitem dein Manuskript. That's Krimi live. |
| *H. Kleinfuß:* | Ja, das muss ich wohl auch ohne Neid zugeben. Ihr seid tolle Spürnasen. Ihr habt gut beobachtet. |

| | |
|---|---|
| *Ypsilon:* | Na, dann schreib die Geschichte auf. Ich verlege sie garantiert. Das wird ein spannendes Buch. Und damit werden wir dann wirklich reich, jedenfalls für ein paar Tage. |
| *H. Kleinfuß:* | So, ihr Kommissare. Ihr müsst jetzt aber gehen, denn ich habe nun eine Menge zu tun. Ich danke euch für die schöne Geschichte. |
| *Ypsilon:* | Hier, wollt ihr jetzt ein paar von den Plätzchen? Die sind garantiert ohne Gift. (lacht) |
| *Kommissar:* | Hm, ich glaube, wir können ihnen vertrauen. |
| *Schätzchen:* | Vielen Dank und auf Wiedersehen. |
| *Kommissar:* | Mensch, jetzt wird ein Buch über uns geschrieben. |
| *Kommissar:* | Ein Weihnachtskrimi, mit uns als Hauptpersonen. |

(alle gehen ab, Musik: Kriminaltango)

# Was ist das?

Ein Fragespiel für die Adventsfeier mit
Kindergartenkindern

*Spiellänge:* ca. 10 Min.

*Mitwirkende:*
ca. 8 - 10 Kinder

*Requisiten:*
ca. 10 Karten, auf denen ein Weihnachtssymbol abgebildet ist
Dieses Spiel macht nicht nur Spaß, sondern fördert auch das Zuhören
und Mitmachen. Darüber hinaus erhält das Kind durch die richtigen
Antworten ein positives Feedback.

*Spiel*
Auf kleinen Karten ist je ein Weihnachtssymbol abgebildet. Das 1.
Kind nimmt eine Karte, betrachtet diese kurz und nennt dann drei
Hauptmerkmale des abgebildeten Symbols.
z. B: Es ist gelb, hat Zacken und leuchtet. Was ist das?
Die Zuschauer raten das Erfragte. Dann zieht das nächste Kind eine
Karte.

Im Vorfeld sollten verschiedene andere Begriffe erarbeitet werden, so
dass den Kindern das Spiel vertraut ist.
Die Merkmale sollten prägnant sein, damit das Symbol von den Kindern erkannt und benannt werden kann.

*Für ältere Kinder* könnten abstrakte Begriffe gewählt werden.

Auch das **pantomimische Darstellen von Gefühlen** in der Weihnachtszeit ist eine weitere spannende Spielvariante.

# So feiern wir Weihnachten

## Für Kinder im Kindergarten- oder Grundschulalter

*Spiellänge:* ca. 10 Min.

*Mitwirkende:*
ca. 8 – 10 Personen

*Anmerkung:*
In Kindergärten, Horten und Schulen treffen Kinder aus verschiedenen Kulturkreisen aufeinander. Hier haben die Kinder die Chance, fremde Gewohnheiten, Religionen und andere Lebenssituationen näher kennen zu lernen. Durch die Wiedergabe der eigenen Geschichte machen sich die Kinder ihr Handeln, ihre Art der Festgestaltung und ihre Familienfeiern bewusst. Im Austausch mit den anderen Kindern erfahren sie etwas über die Weihnachtsfeiern in anderen Ländern, aber auch über die Festlichkeiten in Familien der gleichen Nationalität.

*Aufführung*
Die Kindergruppe trifft sich auf der Bühne.

Wir sind Kinder aus der Schule ... / Klasse ... / dem Hort ... / dem Kindergarten ...
Wir sind eine bunt gemischte Kindergruppe und kommen aus ganz verschiedenen Ländern. Und jetzt ist wieder Weihnachten. Wir feiern ganz unterschiedlich dieses Fest der Liebe, der Freude und der Hoffnung.
Und ihr seid gekommen, weil ihr wissen wollt, wie wir Weihnachten feiern.
Also, dann erzählen wir euch das doch mal.
Ich bin ... und komme aus ...

Hier berichten die Kinder ihre eigene kleine Geschichte, die sie vorher in Gesprächen erarbeitet haben. Die Texte stellen sie in der Gruppe individuell zusammen.
Zum Abschluss stellt ein Kind die Frage ans Publikum: »Und wie feiern Sie in diesem Jahr das Weihnachtsfest?«

Dann singen sie gemeinsam ein Lied, z. B. »Friede aller Welt, paix mondial ...«

Mit Kindergartenkindern ist diese Aufführung auch möglich. Die Erzieherin/der Erzieher leitet das Gespräch durch gezielte Nachfrage und Hinführung. Vielleicht finden sich auch Eltern, die gemeinsam mit ihren Kindern von den Weihnachtsfeiern berichten.

# Ein Tag vor Weihnachten

Alte Menschen und Kinder im Grundschulalter spielen
gemeinsam ein Theaterstück

*Spiellänge:* ca. 20 Min.

*Mitwirkende:*
ca. 10 Personen (vier Kinder, vier alte Menschen, zwei Frauen)

*Requisiten:*
Brettspiel
Weihnachtsbuch
Bastelmaterial: Kärtchen, Pappe, Uhu, Schere, etc.
Plätzchen
Gameboy

*Kostüme:*
normale Kleidung

*Kulisse:*
Zimmer im Wohnheim

Der Gedanke entstand bei einer Theateraufführung von Hortkindern
in einem Altenwohnheim, anlässlich einer Weihnachtsfeier.
Die alten Menschen waren begeisterte Zuschauer. Sie verfolgten das
Spiel voller Interesse, gaben Kommentare und sparten auch nicht mit
Applaus.
Die Kinder spielten noch intensiver und stellten sich in ihren Reden
spontan auf die Zuschauer ein.
Für beide Gruppen war es ein Erlebnis. Daraus erwuchs meine Idee,
mit beiden Gruppen gemeinsam ein Stück zu entwickeln.

Nachfolgendes Spiel sollte als *Textvorschlag* verstanden werden, ein an-
derer Gesprächsverlauf wäre durchaus denkbar.
In der Kommunikation mit beiden Altersgruppen wird der grobe

Spielverlauf erarbeitet. Die Themenschwerpunkte werden abgestimmt und der zeitliche Rahmen für die einzelnen Blenden abgesprochen. Die Texte entwickeln die Spieler in ihren Kleingruppen. Mehr als zwei gemeinsame Proben sind nicht notwendig.

Hilfreich für die Sensibilität und das gegenseitige Verständnis könnten jedoch gemeinsame Aktivitäten sein, in Form von Geschichten erzählen, Bastel- und Tischspielstunden.

Der Spielleiter achtet auf den Spielverlauf und die Einhaltung der Spiellänge der einzelnen Blenden. Er hinterfragt gegebenenfalls den Gefühlszustand in den Gesprächsszenen und verstärkt dementsprechend die Charaktere bzw. hilft, neue Rollen zu definieren und ermuntert, in die Rollen hineinzuschlüpfen und diese auszuspielen.


Zwei Wohnungen

*1. Wohnung*
Vier Senioren sitzen zusammen am Tisch und spielen ein Brettspiel, leise Weihnachtsmusik, Betreuerin liest im Hintergrund eine Weihnachtsgeschichte vor

*2. Wohnung*
Vier Stühle um einen Tisch

Gespräch über die Gestaltung des Heiligen Abends

Senioren:

*Senior 1:*  Morgen ist Heilig Abend. Das Jahr ist wieder so schnell vergangen.

*Senior 2:*  Wer ist morgen Abend eigentlich alles im Haus?

*Senior 4:*  Frau Mayer geht zu ihrer Nichte. Sie wird abgeholt. Ihre Nichte hat ein großes Haus, da feiern dann alle zusammen. Schön, wenn man noch eine Familie hat.

*Senior 3:*  Ich habe keine Verwandten mehr, darum kann mich auch keiner abholen. Ich bin also hier.

Gespräch über das Erleben der vorgezogenen Weihnachtsfeier

Senior 1:     Ich bleibe auch hier. Wir setzen uns dann gemütlich zusammen ...

Senior 2:     Gefeiert haben wir ja schon vorgestern ...

Senior 3:     Ja, vorgezogene Weihnachten.

Senior 2:     Es war doch ein schönes Fest – so richtig feierlich war's.

Gespräch über eine Betreuerin

Senior 4:     Ob Frau Berger auch hier ist, oder hat die Weihnachten frei?

Senior 1:     Die ist nett und gibt sich immer so viel Mühe.

Die Senioren spielen weiter ihr Brettspiel, während die Betreuerin einige ausdrucksstarke Sätze aus der Geschichte vorliest. Das Lesen verstummt, sie blickt in ihr Buch.

– Blende –

Die Kinder stürmen auf den Tisch zu, sie bringen Bastelmaterial mit: Kärtchen, Pappe, Uhu, Schere, Buntstifte

Gespräch über letzte Vorbereitungen zu Hause

Kinder:

Kind 1:     Das finde ich toll, dass wir bei euch heute noch basteln dürfen. Zeig mal, wie sehen die Geschenkanhänger aus?

Kind 2:     Super. Ich mach einen Tannenbaum. Meine Mutter hat Angst, wir könnten zu viel Durcheinander machen, die hätte uns rausgeschickt.

Kind 3:     Meine Mutter stört das nicht, das heißt, solange wir nicht durch die anderen Zimmer rennen.

Kind 4:     Wir haben keinen Platz. Unsere Wohnung ist zu klein. Meine Eltern sind froh, dass ich zu euch gegangen bin, dann können sie in Ruhe den Tannenbaum aufstellen.

| Kind 1: | Meine Mutter hat dreimal gefragt, ob es deiner Mutter auch wirklich recht ist. |
|---|---|

Gespräch über den Anlass, ins Seniorenheim zu gehen

| Mutter: | (im Hintergrund) Denk dran Petra, du musst noch ins Altenheim. |
|---|---|
| Kind 3: | Ja, ja! |
| Kind 2: | Was machst du denn da? |
| Kind 3: | Ich muss Plätzchen hinbringen. Unsere alte Nachbarin lebt seit drei Jahren dort. Meine Mutter backt ihr jedes Jahr ein paar Weihnachtsplätzchen, die mag sie so gerne. |
| Kind 2: | Dürfen wir mit? |
| Kind 1/4 | Oh ja, können wir mit? |
| Kind 3: | Mama, dürfen wir alle vier zusammen zu Frau ... gehen? |
| Mutter: | Meinetwegen, aber seid nicht zu stürmisch, die alten Menschen sind daran nicht mehr gewöhnt. |
| Kind 3: | Oh Mama, mach dir keine Sorgen. Wir sind ganz freundlich und höflich. So wie du uns kennst, einfach top. |
| Kind 1/2/4: | (grinsen, basteln still weiter) |
| | – Blende – |

Gespräch der Bewohner über vergangene Zeiten, Erinnerungen an früher

Senioren:

| Betreuerin: | (liest die letzten Sätze aus der Geschichte vor, geht dann ab) |
|---|---|
| Senior 1: | Das war eine schöne Geschichte. Eine wirkliche Weihnachtsgeschichte. |
| Senior 2: | Wir haben früher zu Hause Weihnachten auch immer Geschichten vorgelesen. |

| Senior 4: | Hab ich euch schon die Geschichte von dem vorwitzigen Engel erzählt? |
|---|---|
| Senior 3: | Ja! Hast Du! |
| Senior 4: | Entschuldigt, aber ich hatte es vergessen. |
| Senior 1: | Macht doch nichts. Ich höre die Geschichte immer wieder gern. Sie gefällt mir. |
| Senior 3: | Aber nicht jetzt. |
| Senior 4: | Habe ich auch schon erzählt, was passierte, als ich meine ersten Schlittschuhe bekam? |
| Senior 3: | Ich hatte auch Schlittschuhe. Wir sind stundenlang auf dem zugefrorenen See gelaufen. Wir haben die Kälte gar nicht gespürt. Erst als wir mit knallroten Nasen und Wangen ins warme Zimmer kamen, da ... |
| Senior 4: | Als ich meine Schlittschuhe bekam, habe ich ... |
| | – Blende – |

Beenden der Bastelarbeit

Kinder:

| Kind 1: | Fertig. Wie weit seid ihr? |
|---|---|
| Kind 2: | Ich bin auch fertig. |
| Kind 3: | Sekunde noch. |
| Kind 4· | Dann können wir ja jetzt ins Altenheim gehen. |
| Kind 3: | Erst aufräumen. Stellt einfach alles in der Mitte vom Tisch zusammen.<br>(zeigen ihre Karten und reagieren darauf) |
| Mutter: | (kommt mit der Tüte Plätzchen und bewundert die Kunstwerke) Bestellt Frau ... einen ganz lieben Gruß von mir und sagt, dass ich ihr ein schönes Weihnachtsfest wünsche und dass ich sie nach den Feiertagen besuchen werde, um ihr die Neuigkeiten aus unserer Straße zu berichten. Und bleibt nicht zu lange. |

| Kind 2: | Lange. Was sollen wir da schon lange machen. (gehen ab) |
|---|---|

– Blende –

Senioren:

| Senior 4: | Ja, das passierte damals. |
|---|---|
| Senior 2: | Sie sollten die Geschichte aufschreiben. |
| Betreuerin: | (kommt mit Kindern) Frau ..., Sie haben Besuch bekommen. Schauen Sie, wen ich Ihnen hier bringe. |
| Senior 2: | Oh, die Petra. Das ist aber eine Überraschung. Wen hast du denn da alles mitgebracht? |

Gemeinsames Gespräch und Spiele:

| Kind 3: | Das sind meine Freunde. Wir wollten Ihnen nur schnell eine kleine Weihnachtstüte von meiner Mutter bringen. |
|---|---|
| Senior 2: | Das ist aber lieb. Hat deine Mutter wieder an mich gedacht. |
| | Kind 1, 2, 3 (bleiben stehen, schauen sich in der Runde um) |
| Senior 1: | Bleibt doch einen Moment, setzt euch zu uns. |
| Kind 3: | Was spielen Sie da? |
| Senior 4: | (erklärt das Spiel und fragt) Wollt ihr mitspielen? |
| Kind 1, 3: | Oh ja! |
| Kind 2: | Ich nicht. Ich spiele lieber mit meinem Gameboy. |
| Senior 3: | Was ist das für ein Ding? Zeig mal her. |
| Kind 2: | (setzt sich zu Senior 3 und führt seinen Gameboy vor) |
| Betreuerin: | (bringt einen Teller mit Plätzchen und stellt ihn auf den Tisch. Dann geht sie nach vorne und spricht zum Publikum – Spieler verstummen) |

Das war ein schöner Nachmittag für die Senioren und auch für die Kinder. Für die Senioren war es wie Weihnachten früher, als sie noch zu Hause lebten. Und die Kinder freuten sich, dass die Erwachsenen an diesem Tag Zeit hatten und mit ihnen spielten. Es war spät geworden. Keiner hatte auf die Uhr gesehen. Die Kinder erschraken, als die Turmuhr schlug. Sie beeilten sich nach Hause zu kommen.

(Betreuerin tritt zur Seite)

| | |
|---|---|
| *Kind 2:* | Wir kommen wieder |
| *Kind 3:* | Ja, bestimmt. Und frohe Weihnachten. |
| *Senior 3:* | Ja, frohe Weihnachten und vergiss den Gameboy nicht, wenn du wiederkommst. (zum Publikum) Das Ding fasziniert mich. Ich muss den nächsten Level unbedingt erreichen. |

(alle gehen ab)

# Stellt euch vor, es ist Weihnachten und nichts ist, wie es Weihnachten immer war

## Eine Improvisationsgeschichte für Kinder ab 8 Jahren

In zwei Gruppen werden Spielvarianten erarbeitet. Die Improvisationen können vertieft und verstärkt werden. Die Ergebnisse von beiden Gruppen werden dann vorgeführt.

*Spiellänge:* ca. 30 Min.

*Mitwirkende:*
mindestens sechs Kinder
ein bis zwei Erwachsene

*Requisiten:*
Wunschzettel

*Erzähler:*
Schon seit Wochen denken die Kinder an Weihnachten und haben ihre Wunschzettel geschrieben. Aber die liegen immer noch auf dem Fensterbrett. Niemand hat sie weggenommen. Die Kinder sind ratlos. Auch sonst ist dieses Jahr alles anders.
Seit Tagen zieht kein Duft von leckerem Weihnachtsgebäck durch das Haus, und es riecht auch nicht nach frischem Tannengrün. Nirgendwo können die Kinder versteckte Geschenke entdecken. Ist das ein Tag wie jeder andere auch? Haben sie sich vielleicht im Kalender geirrt? Die Kinder schauen sich fragend an. Ungeduldig laufen sie von einem ins andere Zimmer. Die Mutter erledigt ihre Arbeit und ist ganz in Gedanken versunken. Sie scheint die Unruhe der Kinder nicht zu bemerken. Jetzt reicht es Lina. Sie will es wissen.

*Lina:* Mama. Mama, der wievielte ist heute?

*Mutter:* Aber Lina, das weißt du doch. Heute ist der 24. Dezember. (antwortet sie)

| Lina: | Aber was ist passiert? Fällt dieses Jahr Weihnachten aus? (besorgt) |
|---|---|
| Mutter: | (schaut auf, sie lacht) Weihnachten fällt doch nicht aus. Wie kommst du nur darauf? |
| Lina: | Weil nichts so ist, wie es immer ist. Der Tag ist bloß ein stinknormaler Tag, so wie alle anderen Tage auch. Nichts ist wie Weihnachten. |
| Mutter: | Ich weiß, aber ich habe noch so viel zu tun. Wir machen es uns heute Abend richtig schön gemütlich. Versprochen. |
| Lina: | Gibt es keine Geschenke? (fragt sie kleinlaut) |
| Mutter: | Aber Lina, schau, wir fahren doch morgen in Skiurlaub. Erinnere dich, wir haben uns darauf geeinigt, dass wir uns dieses Jahr nichts schenken. Der Urlaub ist teuer genug und ihr wollt doch einen Skikurs machen, das ist euer Weihnachtsgeschenk. |
| Lina: | Und was ist mit dem Tannenbaum? |
| Mutter: | Ein Tannenbaum würde in den 14 Tagen nur vergammeln. Der ist in diesem Jahr unnütz. Und nun lass mich weiterarbeiten. Ich muss noch einen Koffer packen. Und überhaupt, ich weiß nicht, wo mir der Kopf steht. Ich muss noch an so vieles denken. Spielt doch ein bisschen draußen oder drinnen. Aber macht mir kein Durcheinander mehr. |

Lina und ihre Geschwister sind enttäuscht. Weihnachten wird trostlos werden. Ein trauriges Weihnachtsfest.
Plötzlich hat Lina eine Idee. Feierlich sagt sie: »Wir werden doch noch ein richtiges Weihnachtsfest haben.«
»Aber wie?«, fragt Jan.

| Erzähler: | Ja, wie schafft Lina das? Habt ihr eine Idee? |
|---|---|

In Kleingruppen werden Lösungsmöglichkeiten erarbeitet und anschließend als Theaterspiel vorgestellt.

- Was bedeutet Weihnachten für euch, wie feiert ihr?
- Was gehört für euch zum Weihnachtsfest?
- Wie könnte es doch noch ein richtig schönes Weihnachtsfest für Lina und ihre Geschwister werden?

# Schöne Bescherung

*Was nützt das schönste Geschenk, wenn niemand mitspielt?*

Ein Spiel für Erwachsene (Eltern) und Kinder im Grundschulalter

*Spiellänge:* ca. 35 Min.

*Mitwirkende:*
mindestens 5 Personen
Peter
Mutter
Charlie
Vater
Tante (evtl. auch Onkel)
evtl. Gästeliste erweitern

*Requisiten:*
Gameboy
Backblech, Backzutaten
Telefon
Stück Kordel, Stein
Spiel im Geschenkpaket
Tüte Plätzchen, Weihnachtszweig, Strohstern, Flöte

*Kostüme:*
Winterkleidung
festliche Kleidung

*Kulisse:*
gemütlicher Wohnraum

*Schöne Bescherung*
Peter sitzt auf dem Teppichboden und spielt vertieft Gameboy. Mutter will noch schnell ein paar Plätzchen backen. Sie ist beschäftigt. Eilig sucht sie die Zutaten zusammen, dabei spricht sie vor sich hin. Das Telefon klingelt.

| | |
|---|---|
| *Mutter:* | Peter, gehst du mal dran? |
| *Peter:* | (reagiert nicht, spielt weiter) |
| *Mutter:* | Peter! |
| *Peter:* | Ja? (schaut nicht auf) |
| *Mutter:* | Hörst du denn das Telefon nicht? Ach, ich geh schon. Eh du mal reagierst. |
| | (führt Telefonat mit Tante Erika, die ihren Besuch ankündigt. Weihnachten in der Familie ist doch immer schöner als allein zu feiern. Vater wird sie vom Bahnhof abholen. Mutter freut sich – fast, denkt an ihre Arbeit, beendet das Telefonat, sieht Peter) Bub, jetzt reichts. Du sitzt immer nur drinnen. Wie blass du bist. Dir fehlt frische Luft. (zieht ihn liebevoll vom Boden hoch) Komm, geh noch ein paar Stunden raus. Heute abends wird's eh noch lang. Aber mach dich nicht mehr schmutzig. |
| *Peter:* | (wehrt sich leicht) Was soll ich denn draußen? |
| *Mutter:* | Spielen! |
| *Peter:* | Draußen ist es mir zu kalt. |
| *Mutter:* | Dann zieh dich halt warm an. Hier, nimm die dicke Jacke, und ab nach draußen. (schiebt ihn) |
| *Peter:* | (lässt beim Anziehen der Jacke das Gameboyspiel nicht aus den Augen, geht nach draußen, setzt sich auf die Treppe und spielt weiter) |
| *Charlie:* | (kommt, lehnt an einer Hauswand, beobachtet Peter, hält Hände in den Hosentaschen, nach einiger Zeit schlendert er zu Peter hinüber, schießt dabei Steine zur Seite, wirkt lässig) Na, Kleiner? |
| *Peter:* | (reagiert nicht) |
| *Charlie:* | Bist du taub? |
| *Peter:* | Warte, eine Sekunde. Mist, beinahe hätte ich den höchsten |

|  | Level erreicht. (ohne aufzusehen) Was ist? (beginnt neues Spiel) |
|---|---|
| *Charlie:* | Nichts. |
| *Peter:* | Und warum störst du mich dann? |
| *Charlie:* | (zuckt mit den Schultern, gibt nicht auf) Du wirst nicht glauben, was ich in der Tasche habe? |
| *Peter:* | (ohne aufzusehen) Was? (spielt weiter) |
| *Charlie:* | Ich habe gesagt, du weißt nicht, was ich in der Tasche habe. |
| *Peter:* | Was hast du? |
| *Charlie:* | Mensch, bist du langweilig. |
| *Peter:* | (spielt) |
| *Charlie:* | (erschrickt Peter) Wha. |
| *Peter:* | (fährt zusammen) Spinnst du? Jetzt hast du mich wieder rausgebracht. |
| *Charlie:* | Du und dein doofes Spiel. Da hab ich was Besseres. |
| *Peter:* | (schaut auf) Ach nee. Und was? |
| *Charlie:* | Du hast ja doch keine Zeit. |
| *Peter:* | Jetzt ist eh Game over. Also, was hast du? |
| *Charlie:* | Ich habe was, was du nicht hast und das ist ... |
| *Peter:* | Nun sag schon, oder lass mich in Ruhe. |
| *Charlie:* | Ich habe hier (zieht geheimnisvoll eine Schnur aus der Tasche) eine Zauberschnur. |
| *Peter:* | Das ist ein Stück Kordel, weiter nichts. (will sich abwenden) |
| *Charlie:* | Hast du 'ne Ahnung. Das ist keine Kordel. (schüttelt den Kopf) Das ist eine – Zauberschnur. |
| *Peter:* | Willst du mich verschaukeln? |
| *Charlie:* | Ach, du hast es nicht verdient, in die Zauberwelt reinzuschau'n. Ich zeige dir mein Kunststück nicht. |

| Peter: | Ach ne, erst neugierig machen und dann kneifen. |
|---|---|
| Charlie: | (kommt näher an Peter heran) Wenn du es wirklich sehen willst, dann ... |
| Peter: | Na klar, will ich. Nun mach schon. |
| Charlie: | Also, das ist auf den ersten Blick eine stinknormale Kordel ... |
| Peter: | Sag ich doch. |
| Charlie: | Auf den ersten Blick, hab ich gesagt. Jetzt pass auf. (mit einer kleinen Drehung hat er einen Knoten hineingemacht) |
| Peter: | Das kann ich auch. (probiert es, klappt nicht, runzelt die Stirn) Wie hast du das gemacht? |
| Charlie: | (achselzuckend) Magie! |
| Peter: | Quatsch, Magie. Ein Trick ist es. |
| Charlie: | Pah, Trick! Kunst. |
| Peter: | Hast du noch mehr Kunst in deiner Tasche? |
| Charlie: | Na klar. |
| Peter: | (ungeduldig) Zeig her. |
| Charlie: | Bitte etwas freundlicher. Schließlich zeige ich dir meine geheimsten Kunststücke. |
| Peter: | (wartet ungeduldig) |
| Charlie: | (zieht einen Stein hervor) Na, was ist das? |
| Peter: | Was soll das schon sein. Ein Stein natürlich. |
| Charlie: | Du Ahnungsloser. Ein Stein. (schüttelt den Kopf) Das ist kein Stein, jedenfalls kein gewöhnlicher Stein. Das ist ein Wunschstein. |
| Peter: | (ungläubig) Aha. |
| Charlie: | Ja! Wenn du da lange genug drauf schaust, geht dein Wunsch in Erfüllung. |

| Peter: | Lass sehen. |
|---|---|
| Charlie: | So einfach geht das nicht. Das wird lange dauern, bis da was passiert. (spielt ratlos) Und was mach ich dann in der Zwischenzeit? (liegt auf dem Gameboy) |
| Peter: | Hm. (überlegt kurz) Du kannst so lange mit meinem Gameboy spielen. |
| Charlie: | Ist zwar kein Riesenangebot. Aber in Ordnung. (freut sich insgeheim) Ich mach's. Hier ist der Stein. |
| Peter: | (starrt gebannt auf den Stein, Charlie spielt) Es rührt sich nichts. |
| Charlie: | (reagiert nicht) |
| Peter: | Also, es passiert überhaupt nichts. |
| Charlie: | (versonnen) Du musst halt weiterprobieren. Mist. (schaut auf) Das ist genau wie beim Gameboy. Level nicht erreicht, neues Spiel. Du musst es halt weiterversuchen. (nach einiger Zeit) Und ? |
| Peter: | Jetzt hätt' ich fast gedacht, ich könnte den Wunsch sehen und dann störst du mich. |
| Charlie: | (spielt weiter, legt dann genervt den Gameboy zur Seite und nimmt Peter den Stein weg) |
| Peter: | (erwacht aus Traumwelt) He, was soll das? |
| Charlie: | Gameboyspielen ist langweilig. Ich brauche den Wunschstein wieder zurück. Damit kann ich mehr anfangen. |
| Peter: | Aber mein Wunsch ist doch noch gar nicht in Erfüllung gegangen. |
| Charlie: | Du bist eh zu ungeduldig. Du hast noch nicht die richtige Einstellung dazu. Das klappt jetzt nicht. |
| Peter: | Schade. Und was machen wir jetzt? |
| Charlie: | Gute Frage. |

| | |
|---|---|
| *Peter:* | Was wünscht du dir eigentlich zu Weihnachten? |
| *Charlie:* | Pah, Weihnachten. Sentimentaler Kram. |
| *Peter:* | Also, ich wünsche mir, ehm ... (stützt den Kopf in die Hände) |
| *Charlie:* | Und was? |
| *Peter:* | Fällt mir jetzt nicht ein. |
| *Charlie:* | Vielleicht irgendwas zum Spielen? |
| *Peter:* | Da hab ich schon alles. |
| *Charlie:* | (anerkennend) Whou. |
| *Peter:* | (überlegt) |
| *Charlie:* | Ehm. (plötzlich) Ich weiß was. |
| *Peter:* | (erwartungsvoll) Was denn? |
| *Charlie:* | Ach nein, doch nicht. (Pause) Aber vielleicht ... |
| *Peter:* | Was? |
| *Charlie:* | Das geht auch nicht. |
| *Peter:* | (starrt Charlie an) |
| *Charlie:* | (bemerkt das irgendwann) Guck mich nicht so an. Denk halt selber nach. Ich weiß auch nicht alles. Und schließlich ist es dein Wunsch. |
| *Peter:* | (überlegt krampfhaft) So kommen wir nicht weiter. Du hast mir noch keine Antwort gegeben. Was wünscht du dir eigentlich? |
| *Charlie:* | (überlegt) |
| *Peter:* | Hast du gar keinen Wunsch? |
| *Charlie:* | Doch. Ich habe einen Wunsch, einen ganz besonderen sogar. |
| *Peter:* | Das dacht' ich mir. |
| *Charlie:* | Nein, nicht so wie du meinst. Ich wünsche mir nichts Materielles, oder doch auch. |

*Peter:* Eben Kunst.

*Charlie:* Ich wünsche mir ... Weißt du, das ist folgendermaßen. Meine Mutter liegt zur Zeit im Krankenhaus, und mein Vater arbeitet auf Schicht. Er kommt erst gegen 22.00 Uhr nach Hause. Ich bin Heilig Abend allein. Aber das ist nicht schlimm. Dann schau ich halt fern. Das ist auch ganz nett. Aber weißt du, was ich vermisse? Ich mag halt so gerne Plätzchen. Meine Mutter ist die beste Weihnachts-Plätzchenbäckerin. Ich möchte so gerne eine Tüte selbst gebackene Plätzchen. Aber daraus wird wohl dieses Jahr nichts.

*Peter:* Meine Mutter backt auch gerade. An Weihnachten kommen nämlich immer Gäste. A propos Gäste. Wie wär's. Hättest du nicht Lust, mit uns zu feiern?

*Charlie:* Wie meinst du das?

*Peter:* Na, so wie ich's gesagt habe. Bei uns fällt ein Gast mehr oder weniger gar nicht auf.

*Charlie:* Du meinst ...

*Peter:* Na klar. Du bist herzlich eingeladen. Kommst du?

*Charlie:* Ich weiß nicht recht.

*Peter:* Ich würde mich freuen. Und meine Familie auch. Komm. Bitte. Nun sag schon ja.

*Charlie:* Also, wenn ich euch wirklich nicht störe?

*Peter:* Quatsch – und zudem hätte ich jemanden, mit dem ich meine neuen Spielsachen ausprobieren könnte. Oh bitte, sag schon ja.

*Charlie:* (steht auf) Ok. (schüchtern) Wann soll ich kommen?

*Peter:* Um sechs Uhr gibt's Abendessen. Komm halt kurz vor sechs.

*Charlie:* Dann bis sechs. Ehm? Was muss ich denn anziehen?

*Peter:* Nix Besonderes. Aber deine Hände und dein Gesicht könntest du schon waschen.

| | |
|---|---|
| *Charlie:* | (schaut sich an) Ist doch klar, Mann. Also bis später. |
| *Peter:* | Das (zeigt hinter sich) ist übrigens unser Haus. Bis dann. (gehen ab, Peter ins Haus) |
| *Charlie:* | Mama, Mama. Wir kriegen noch einen Gast mehr. |
| *Mutter:* | (stöhnt) Noch einen Gast? |
| *Peter:* | Ja. Aber der macht keine Arbeit. |
| *Mutter:* | Keine Arbeit? Hast du 'ne Ahnung. |
| *Peter:* | Echt nicht. Es ist nur der Charlie. |
| *Mutter:* | Ach so, nur der Charlie. Und wer ist der Charlie? |
| *Peter:* | Mein Freund. |
| *Mutter:* | Komisch, den kenne ich ja noch gar nicht. |
| *Peter:* | Ich habe ihn auch eben erst kennen gelernt. |
| *Mutter:* | Und dann lädst du ihn zu unserem Weihnachtsfest ein? Als ob wir nicht schon genug Weihnachtsgäste hätten. |
| *Peter:* | Jetzt übertreibst du aber. Es kommt doch heute nur die Tante. |
| *Mutter:* | Nur die Tante. |
| *Peter:* | Ja, und dann erzählt ihr wieder den ganzen Abend lang von Dingen, von denen ich eh keine Ahnung habe und mir ist stinklangweilig. |
| *Mutter:* | Peter! |
| *Peter:* | Ja, ist doch wahr. |
| *Mutter:* | Schau, Peter, Weihnachten ist doch ein Fest der Familie. Was sagen eigentlich Charlies Eltern dazu, wenn er nicht zu Hause feiert? |
| *Peter:* | Seine Mutter liegt im Krankenhaus und sein Vater hat Schichtdienst. Der kommt erst in der Nacht nach Hause. |
| *Mutter:* | Das ist natürlich etwas anderes. Und du meinst, Charlie wird sich bei uns wohlfühlen? Wird der sich auch benehmen? Du |

weißt, die Tante kommt und die nimmt es immer sehr genau. Es wäre nicht gut, wenn ...

*Peter:* Mama!

*Mutter:* Schon gut. Wenn du ihn einlädst, dann geht das schon in Ordnung. Schließlich suchst du dir immer nette Freunde aus.

*Vater:* (kommt mit Tante) Wir sind da!

*Tante:* Hallo Peter. Mensch bist du gewachsen. Schau, was ich dir mitgebracht habe. Ich lege dein Geschenk unter den Weihnachtsbaum zu den anderen Paketen.

*Vater:* Na, dann wollen wir erstmal was essen.

*Peter:* Das geht noch nicht. Charlie ist noch nicht da.

*Vater:* Charlie? Wer ist denn Charlie?

*Mutter:* Ein Freund von Peter. Er hat ihn heute noch eingeladen.

*Vater:* Aha, dann haben wir ja noch einen Gast.

*Tante:* Wer ist Charlie?

*Peter:* Ein Junge von der Straße.

*Tante:* (entsetzt) Von der Straße?

*Peter:* Ja, ich nenn das so. Weil ich ihn doch auf der Straße kennen gelernt habe.

*Tante:* Aber, das wird doch wohl nicht wahr sein. Ihr lasst zu, dass Peter jemanden von der Straße einlädt?

*Mutter:* Aber Tante. Peter weiß, was er uns zumuten kann.

*Vater:* Ja, und Peter hat eine gute Menschenkenntnis.

*Tante:* Aber ihr kennt doch sein Zuhause nicht. Und überhaupt – Charlie – was ist das bloß für ein Name?

*Peter:* (verdreht die Augen, sieht flehentlich zur Mutter)

*Tante:* Wo sind denn Charlies Eltern?

| | |
|---|---|
| *Peter:* | Nicht da! |
| *Tante:* | Wie bitte? |
| *Mutter:* | Aber Peter, nun gib schon eine klare Auskunft. |
| *Tante:* | (schaut in Gedanken zu den Geschenken hinüber) Nachher bedient der Charlie sich noch an den Geschenken. Am besten, ich nehme mein Paket gleich wieder weg. Peter, du bekommst dein Geschenk morgen. Schließlich war das Spiel teuer. (bemerkt, dass sie den Inhalt verraten hat) |
| *Peter:* | (wütend) Der Charlie stiehlt doch nicht. |
| *Tante:* | (zu den Eltern) Wie könnt ihr das nur zulassen? |
| *Vater:* | Tante. Es ist Weihnachten. Das Fest der Freude und der Nächstenliebe. Und wir haben gerne Gäste und genug zu essen und auch genügend Geschenke. |
| *Mutter:* | Oh nein, ich habe gar kein Geschenk für Charlie. |
| *Peter:* | Keine Panik, Mama. Er wünscht sich nur eine Tüte selbst gebackene Plätzchen. Und die haben wir doch. |
| *Mutter:* | (eilt davon, macht eine Tüte Plätzchen fertig, kommt zurück, bindet eine große Schleife daran) Das hätten wir. |
| *Tante:* | (etwas von oben herab) Was für ein Wunsch. |
| *Vater:* | Ja, was für ein bescheidener Wunsch. Peter, du solltest dir ein ... (es klingelt, Peter eilt zur Tür, Charlie erscheint im besten Anzug) |
| *Charlie:* | Ich wünsche Ihnen allen frohe Weihnachten und danke für die freundliche Einladung. |
| *Tante:* | (überrascht und erfreut) Oh, was für ein wohl erzogenes Kind. |
| *Charlie:* | Diese Einladung kam so überraschend, dass ich keine Geschenke mehr besorgen konnte. Aber ich habe ihnen, Frau Mayer, einen kleinen Weihnachtszweig mitgebracht. (hält ihr einen mit Strohsternen verzierten Tannenstrauß entgegen) |

*Mutter:* Oh, ist der schön. Ich stelle ihn gleich in die Vase.

*Charlie:* (zu Peter) Und hier für dich, den Wunschstein. Und für sie alle habe ich ein Lied mitgebracht. (zieht Flöte heraus und spielt eine Weihnachtsmelodie)

*Tante:* Ist das feierlich.

*Mutter:* Danke, Charlie. Und jetzt gehen wir ins Wohnzimmer. Da ist der Tisch schon gedeckt.

*Peter:* Und nach dem Essen machen wir die restliche Bescherung.

*Tante:* (zu Vater) Der Charlie ist wirklich ein netter Junge. Na, dann hat Peter ja auch gleich jemanden, mit dem er das neue Spiel ausprobieren kann.

# Das lebendige Weihnachtsbild

für Kinder im Kindergartenalter

Eine Meditationsgeschichte für mindestens 9 Personen

*Spiellänge:* ca. 20 Min.

*Mitwirkende:*
Sprecher
Maria
Josef
ca. drei Hirten
Engel
drei Könige
evtl. Ochs, Esel, Schafe

*Requisiten:*
evtl. CD Meditationsmusik

*Kostüme:*
entsprechend der Rolle, möglichst einfache schlichte Kleidung/Umhänge

*Kulisse:*
keine, ein Standbild entwickelt sich

Während ein Sprecher die Weihnachtsgeschichte erzählt oder vorliest, treten nach und nach die genannten Personen auf. Zum Schluss haben sich alle an der Krippe versammelt. Das lebendige Weihnachtsbild lädt zur Meditation ein. Eventuell untermalt eine leise Melodie die Szene.

*Sprecher:*
Vor (fast) 2000 Jahren kamen Maria und Josef nach Bethlehem. Von der langen Reise waren sie müde geworden. Sie fragten nach Übernachtungsmöglichkeiten in fast allen Pensionen. Doch vergeblich.

Alles war ausgebucht. Niemand wollte sie mehr aufnehmen. Schließlich fanden sie Zuflucht in einem Stall.

Josef sah sich enttäuscht um. Ochs und Esel starrten ihn gebannt an. Da entdeckte Josef die Futterkrippe. Er stellte sie unter die Lampe und säuberte sie. Dann füllte er die Krippe mit Stroh. Maria legte behutsam das neugeborene Baby hinein. Sie lächelte zufrieden, und auch das Kind lächelte.

Draußen war es dunkel. Nur ein Stern lugte durchs Fenster. Als er das friedlich ruhende Kind sah, blitzte er vor Freude auf. Dann strahlte er ganz hell, so dass viele Menschen ihn entdeckten. Sie wunderten sich über diesen Stern. Noch nie hatten sie so einen wunderschön leuchtenden Stern gesehen. Sie machten sich auf den Weg, um nachzuforschen, woher dieser Glanz kam.

Einige Hirten hielten Nachtwache bei den Schafen. Auch sie sahen den Stern und unterhielten sich darüber. Plötzlich wurde es noch heller und ein Engel trat zu ihnen. Er verkündete ihnen eine frohe Botschaft. Ein besonderes Kind sei geboren. Ein Kind, das ein König sei aber sein Reich sei nicht von dieser Welt. Dieser König werde den Menschen Hoffnung, Freude und Liebe bringen. Es sei Jesus, der Messias. So sprach der Engel. Der Stern zeige, wo das geschehen sei. Die Hirten waren verwirrt. Noch nie hatten sie einen Engel gesehen. Nachdem der Engel weg war und sie sich vom Staunen erholt hatten, beschlossen sie, sich auf den Weg zu machen, um das Kind zu begrüßen. Schnell packten sie Milch, Brot und Honig ein, nahmen ein paar Schaffelle mit und gingen los.

Sie folgten dem Stern und erreichten den Stall. Verwundert sahen sie sich an. Sie wollten nicht glauben, dass ein König in so einer armen Behausung das Licht der Welt erblickte. Doch dann traten sie ein.

Sie sahen das lächelnde neugeborene Kind. Voller Ehrfurcht knieten sie nieder. Ihre Geschenke gaben sie Maria. Der kleinste Hirte legte das warme Schaffell über das Kind, damit es nicht frieren musste.

Den Stern hatten aber auch einige Sterndeuter gesehen. Es waren Männer, die viel über Vergangenes und Momentanes wussten und auch ein bisschen über die Zukunft berichten konnten. Sie kannten sich in allen Dingen gut aus.

Der Stern machte sie unruhig und neugierig.

Auch sie packten Geschenke ein, denn ihnen war klar, dass unter diesem Stern etwas Besonderes geschehen sein musste.

Dann eilten sie dem Stern entgegen.

So kamen auch sie zu dem Kind im Stall und zeigten ihre Freude und Dankbarkeit über die Geburt Jesu.

Und wenn wir heute, nach (fast) 2000 Jahren, immer wieder Weihnachten feiern, dann tun wir das zum Gedenken an diese Geburt.

Darum bauen wir auch in den Familien und Kirchen eine Krippe auf mit den Personen/Figuren, die hier als lebendiges Weihnachtsbild stehen.

Wir wünschen Ihnen frohe, friedliche und festliche Weihnachten.

(evtl. sanfte, ruhige Musik, während das Standbild noch ca. 2 Min. in dieser Position verharrt; zum Abschluss könnte auch ein gemeinsames Lied gesungen werden.)